U0814059

30分钟
学会用数字
想问题

99%の人が知らない数字に
強くなる裏ワザ30

[日] 深泽真太郎　著
谢佳玲　译

中信出版集团 | 北京

图书在版编目（CIP）数据

30 分钟学会用数字想问题 /（日）深泽真太郎著；谢佳玲译 . -- 北京：中信出版社，2021.8

ISBN 978-7-5217-3308-2

Ⅰ. ① 3… Ⅱ. ①深… ②谢… Ⅲ. ①经济学－通俗读物 Ⅳ. ① F0-49

中国版本图书馆 CIP 数据核字（2021）第 129597 号

99% NO HITO GA SHIRANAI SUJI NI TSUYOKU NARU URAWAZA 30
by Shintaro Fukasawa
Copyright © 2016 Shintaro Fukasawa
Simplified Chinese translation copyright © 2021 by CITIC Press Corporation
All rights reserved.
Original Japanese language edition published by Diamond, Inc.
Simplified Chinese translation rights arranged with Diamond, Inc.
through BARDON-CHINESE MEDIA AGENCY.
本书仅限中国大陆地区发行销售

本简体中文版翻译由台湾远足文化事业股份有限公司 / 光现出版授权。

30 分钟学会用数字想问题
著者：　[日] 深泽真太郎
译者：　谢佳玲
策划推广：中信出版社（China CITIC Press）
出版发行：中信出版集团股份有限公司
（北京市朝阳区惠新东街甲4号富盛大厦2座　邮编　100029）
（CITIC Publishing Group）
承印者：　北京诚信伟业印刷有限公司

开本：787mm×1092mm 1/32　　印张：6.5　　字数：100千字
版次：2021年8月第1版　　印次：2021年8月第1次印刷
京权图字：01–2020–0673　　书号：ISBN 978-7-5217-3308-2
定价：39.00元

版权所有 · 侵权必究
凡购本社图书，如有缺页、倒页、脱页，由发行公司负责退换。
服务热线：400-600-8099
投稿邮箱：author@citicpub.com

前言

好希望自己的数字感能变得更强！

话虽如此，如果现在要我专程去参加研讨会学数学，我绝对不要！

如果你也是这样，那我有个好消息告诉你。

其实，方法再简单不过了。而且你只要轻轻松松读完本书，就能达成这个目标。

真的有这么简单吗？当然是真的！因为它让我从一个原本“为数学伤透脑筋的职场人士”，变身为数学教育顾问。

社会上教导大家如何运用计算或数字准备考试的专家比比皆是，一直呼吁大家“增强数字感”的专业顾问更是随处可见。

不过，据我所知，实际上专门在教导职场人士该如何强化数字感的专家，却一个都没有。

其实，我所倡导的“商务数学”这套课程，不仅有许多公司在员工培训时使用，也被很多商学院和大学当成教材来使用。

在这里，我想先问大家一个问题：

所谓的“数字感强”究竟是什么意思？

心算又快又准，就叫作数字感强？

可以将圆周率背到小数点后十位数，算是数字感强？

还是，数学成绩高得吓人，才叫数字感强？

错！通通都不是。

称得上数字感强的职场人士，必须要符合以下 4 个条件：

- 懂得正确使用电子计算器。
- 懂得运用数字来思考。
- 不会被数字的假象所迷惑。
- 有能力解读出数字背后的意义。

由此可知，你不必是心算高手，只要会使用电子计算器就够了。

职场上数字的踪影随处可见，因此，绝不能只会“思考”，还要懂得“运用数字来思考”才行。

人一旦被数字的假象所迷惑，就很容易做出错误的决策，这对大家来说绝对是一种损失。

数字会告诉你事实。因此，我才会希望大家都能认真去解读隐藏在数字“背后”的真相。

我在培训课程中要求大家做的练习，全都是为了让大家具备这 4 个条件。

这本书，更是我从“商务数学”的课程中，严选出 30 项精华中的精华，集结而成。

我保证，就算是很讨厌数字的你，读起这本书来也会觉得轻松自在。

这些增强数字感的绝招，就只与你们分享！

目录

1. 数字感强的人，都怎么使用电子计算器？

“你跟电子计算器相处得愉快吗？”

2. 让它成为你一辈子的武器！运用数字来快速思考的技巧

你懂得用数字思考吗？

3. 不再受骗上当！让你不再被“数字假象”误导的方法

希望你的人生不再有所谓的“吃亏上当”

4. 看穿真相！解读数字背后含义的技巧

做能够解读出数字背后含义的职场人士

1. 数字感强的人，

都怎么使用电子计算器？

“你跟电子计算器相处得愉快吗？”

如果有一天突然被人问道：“你是心算达人吗？”我相信绝大多数的人应该都会回答“不是”。既然如此，大家需要用到电子计算器的机会自然很多。

不会使用电子计算器，对任何人来说，都将是莫大的损失。

我在进行企业培训以及教授大学或商学院的课程时，都会刻意给学员提供机会使用电子计算器。

除了实际的练习所需，其实还有一个更重要的理由。

那就是——培养学员“对数字的敏感度”。

像我这样的讲师，需要在极短的时间内，充分了解学员的特点和习惯，从而提供恰当的指导。

就我而言，其中一个非常有效的方法，就是观察大家使用电子计算器的方式。

事实上，数字感强与数字感弱的人，在对电子计算器的使用方式上有显著的不同。

这个不同是指按键时速度的快慢不同吗？当然不是。其实有好几个地方都出现了明显的差异。

这些差异，究竟是什么呢？

课程 01

数字感强的人，不按C键（清除键）

首先，请大家准备好电子计算器。

手边没有电子计算器的人，在阅读本书时，也请记得在脑海中想象一下，如果现在手上有电子计算器的话，你会怎么做。

现在就请各位来挑战一下吧！请大家使用电子计算器，迅速计算出以下问题的答案。

问题

假设某商店上个月的平均客单价是5 300日元，来店客数是3 200人，来店客的购买率是3.0%。

这个月因为是淡季，预估来店人数会减少约两成。

如果平均客单价维持不变，但购买率要提升1.5倍的话，那么，这个月的业绩必须比上个月增长百分之多少呢？

（请勿使用电子计算器的“记忆”功能。）

都看清楚了吗？请大家要好好记住自己是怎么计算的！

首先，我先以“数字感弱的人”的典型计算方式作为范例来进行介绍。

答案

嗯……先来算算上个月的业绩。

上个月的业绩

=上个月的平均客单价 × 上个月的来店客数 ×

上个月的购买率

= 5 300×3 200×0.03

= 508 800 日元

按一下电子计算器的C键后，再来计算这个月的业绩。

这个月的业绩

= 这个月的平均客单价 × 这个月的来店客数 × 这个月的购买率

= 5 300×(3 200×0.8)×(0.03×1.5)

= 610 560 日元

按一下电子计算器的C键后再来算增加率。

这个月的业绩 ÷ 上个月的业绩

= 610 560÷508 800

= 1.2

比上个月增加了 20%！

以上介绍的计算方式，不管从内容还是结果来看，都很正确。不过，如果从这个算法是否够快的角度来评判，则无法获得满分。

那么，“数字感强的人”在处理这个问题时，又会如何计算呢?

$$0.8 \times 1.5 = 1.2$$

比上个月增加了 20%！

你没看错！只要一个简单的乘法就解决了。

我们仔细来看看，业绩＝平均客单价 × 来店客数 × 购买率，这个部分不管是这个月还是上个月，都是一样的算法。既然如此，**只要留意哪些地方不同就好了**。

对于数字感弱的人，却会在按了C键后，将前面已经算过的数字，再拿出来重新算一遍。

简单来说，就是**多做许多无用功**。

这就跟你算自己的薪水一样。如果你想知道自己这个月的薪水与上个月的薪水相比差了多少，因为底薪是固定的，所以只要算出加班费与交通费的差异，就能得出答案了。

- 许多没必要用到计算器C键的情况，还是用了。
- 没注意到哪些不用算也不在意。

这就是数字感强的人与数字感弱的人，所表现出的细微差异。反过来说，数字感强的人有以下特点：

- 有能力看出哪些是用得到的数字，哪些是用不到的数字。
- 努力避免“重复的计算动作”。

这就是我发现的事实。

老实说，大家听了可能会说：“天啊！连这么小的地方也要在意吗？”关于这一点，我承认确实很琐碎。

话虽如此，但是如果真的有心想让自己的数字感变得更强，建议大家还是摒弃这样的想法。

数字力、沟通力、表现力……一个人能否具备这些能力，差异真的就只是在这些极小的地方而已。或许也就是因为之前有着这些微小的不同，日积月累，后来才会变成如此大的差异。

擅长做简报的人整理的数据，会给人一种强烈的技巧感，但事实上，它也是因为里面包含了许许多多的小技巧，才让这份资料在众人眼里变得如此有魅力。

料理达人的摆盘之所以精美别致，也是因为他在几个你没注意过的小地方，做了一些小小的调整而已。

1 的 100 次方（1 乘上 100 次）当然还是 1，不过，1.01 的 100 次方却是 2.7。

因此所谓的**大**差异，其实就是由许多**微小**的差异累积而成。

就这么简单！增强数字感的绝招

既然重点是想知道变化有多大，那就只要找出哪里不同就好了！

课程 02

数字感强的人，不按[0]键

让我们再继续聊一下电子计算器的按键。

事实上，数字感强与数字感弱的人，在电子计算器按键的使用上，还有一个明显的差异。

在公布差异之前，我们先一起做完下面这 3 道题。如果有需要的话，也可以使用电子计算器。

Q1: $10 \times 10 = ?$

Q2: $100 \times 100 = ?$

Q3: $10\ 000 \times 10\ 000 = ?$

Q1 的答案当然是 100，Q2 的答案是 1 万，到这里应该都没什么问题。不过，绝大多数的人，一旦接触到像 Q3 这样多位数的计算，速度就会逐渐变慢，然后开始使用电子计算器。

使用电子计算器本身并没有什么问题，问题就出在数字感越不好的人，在使用电子计算器时，某个特征就越明显。

那就是：

会很认真地把每一个 0 都按出来。

这么做，真的有必要吗？

如果从“多此一举就是损失”，也就是本书的中心思想来看的话，这个举动，确实是一种浪费。

这里，让我来跟各位说明一下，面对这种情况，我会怎么做。

首先，我会先把几个单位的数字与 0 的个数做个连接，并将它背下来。

- 千：3 个“0”。
- 百万：6 个“0”。
- 十亿：9 个“0”。

比方说，当我们要用电子计算器来计算将10万日元的商品卖给1 000人的金额是多少时：

数字感弱的人

100 000×1 000 = 100 000 000（1亿日元）

换句话说，就是会很小心翼翼地按每一个[0]键，之后再“个、十、百、千、万……”地将每一个“0”慢慢地全数完。

数字感强的人

(5个“0”)+(3个“0”)=(8个“0”)=1亿日元

完全用不到电子计算器！

因此，就算是想算出15 000日元的商品，卖出4 000个，总价是多少钱的话，也只要算15×4＝60，几乎就等于算完了。

之后，只需要把15 000中有3个“0”、4 000中也有3个“0”加总在一起，换言之，即：

3个“0”+3个“0”＝6个“0”。

就能得到60加上6个“0”，等于6 000万日元的结论。

电子计算器的⓪键，一次都不需要用到。

我相信经过这么一番解说，大家已经理解我要表达的重点了，那就是：

- **数字感弱的人，会拼命地按电子计算器上的⓪键。**
- **数字感强的人，不按电子计算器上的⓪键。**

数字的位数越多，操作起来就会越繁杂。

如果是要处理小学生那种个位数或十位数的数学，我相信大家绝对都游刃有余，但是我们都是成年人了，不可能永远只处理这么少位数的计算。在职场上，遇到大金额的情况，更是多到数不胜数。

既然如此，事先做好准备，让自己在需要处理多位数的计算时，能够快速得出结果，就成了职场人士的一种强有力的工作技能。

事实上，我们常会听到大家说：

“成功的职场人士数字感都很强。”

“经营者对于详细的数字虽然不感兴趣，却能迅速察觉数字大致上是否有问题（比如位数不对等）。”

我在许多企业培训的现场，看过职场人士运用数字上的表现后，也是持相同的看法。

为什么会这么讲？关于这个部分，请允许我先针对“自己的事”这个关键词，进行说明与介绍。

做不出成果的员工，常会认为只有自己的薪水和加班时间，才是“自己的事”，至于跟自己所属部门或整个公司有关的数字，则不在“自己的事”的范畴内。

如果我们以“位数”为基准，将你的加班时间或薪水，跟公司的整体业绩或利益做比较的话，你认为哪一个的位数会比较多？

我想不用说也知道，当然是后者。话虽如此，那些做不出成果的员工，却从来不把这些数字当成“自己的事”，换句话说，就是**不把位数较多的数字，当成“自己的事”来考虑**。因此，自然不会为了让自己能快速处理很多位数的计算，而预先做好准备。

在我看来，一个职场人士，如果不懂得将多位数的数字当成“自己的事”来看待，就不可能会成功。

其实，只要看看对方使用电子计算器的方式，就能了解他的想法。

就这么简单！增强数字感的绝招

千有 3 个“0”、百万有 6 个“0”、十亿有 9 个“0”。

课程 03

出乎意料！大家都不知道的 M+、M-、RM/CM、CI/C、CA 的操作方法

我在课程 01 提到的问题中，加了一个“请勿使用电子计算器的记忆功能”的限制。我相信一定有不少人看到这个限制后，脑袋里会出现许多问号。

既然本书的中心思想是希望大家能以更有效率的方法来使用电子计算器，所以，哪怕是大家早就知道了，我也要在这里好好介绍一下，电子计算器究竟有哪些好用的功能。

现在就让我们一起来看看，大家手上的电子计算器，应该都有以下的按键吧！

如果你的电子计算器没有这些功能，建议你赶快去换一台有这些按键的电子计算器。因为对数字感强的人来说，绝对不会因为外观设计或价格等因素，就随意选择一台电

子计算器。

知道的话用起来就会更方便的电子计算器功能

表 1–1 电子计算器按键功能介绍

按键	名称	功能
M+	累加	将当前的数字加进记忆的数字中
M–	累减	从记忆的数字中扣除当前的数字
RM/CM	叫出记忆 / 清除记忆	按一次会显示出记忆的数字，再按一次就会清除掉记忆的数字（即归零）
CI/C	清除	按一次可将最近输入的数字清除，按两次则可将到目前为止的计算过程，与最近一次所输入的数字全都清除
CA	全部清除	将目前为止所有的计算与设定全都清除

虽然已经帮大家把名称与功能都整理成表格，但我相信大家看到这些内容，一定还是很难想象要怎么用。

在此，特别为各位准备了一个具体的例子。

案例

假设你买了3个150日元的甜甜圈，以及5杯110日元的咖啡，总金额是多少呢？

（正确答案是1 000日元）

答案

150日元的甜甜圈3个

➡ 150×3 [M+] ➡ 450 （★）

（接着再继续）

110日元的咖啡5杯

➡ 110×5 [M+] ➡ 550

（接着再继续）

算出总金额

➡ [RM/CM] ➡ 1 000

如果想要清除记忆，只要再按一次 [RM/CM] 就可以了。[M-]的用法也是一样。

如果明明是要按 150×3，却不小心按了 150×4 的话，就按一次CI/C。

150 日元的甜甜圈 3 个

➡ 150×4（按错了！）➡ CI/C ➡ 3 ➡ M+ ➡ 450

就能回复到跟（★）相同的状态。

如果想按 150×3，却不小心按了 140×4 的话，就按两次CI/C 来调整。

150 日元的甜甜圈 3 个

➡ 140×4（啊！按错了！）➡ CI/C CI/C

从头调整。

如果想要将计算结果或记忆等设定全部消除，则只要按一次CA 就可以了。

以上，就是各个按键的基本功能。

这些功能不实际去用用看，根本无法了解它有多好用。请大家一定要记得多拿手边现有的数字来练习。

当你有“啊！真的很好用！”的感觉时，就代表你的能力又更上一层楼了。

另外，某些电子计算器按键的标识方式可能会有些许不同，购买前请先确认清楚。

就这么简单！增强数字感的绝招

选择有 M+、M-、RM/CM、CI/C、CA 等按键的电子计算器！

课程04

只要按[√](根号)键，就能通过过去的数字预测未来！

每次我在研讨会或培训班的课堂上询问大家："有人使用过[√]键吗？"往往10个人中，顶多只有1个人会回答"有"。

不管你有没有用过，绝大多数的电子计算器都一定会有[√]键。

接着就由我来向大家说明一下，究竟在怎样的情况下需要用到[√]键。

介绍这个按键之前，让我们先来稍微复习一下什么是"√"。

相同的数字相乘一次，叫作"平方"。

举例来说，大家知道9是哪一个数的平方吗？正确答案是3，因为$3\times3=9$。

像这样，一个数字A的2次方之后，所得到的数字如果是B，那么数字A就叫作“B的平方根”，即$\sqrt{B}$。

而电子计算器中的[√]键，可依下述方法使用：

- 哪一个数字的2次方是9呢？

  只要按9，然后再按一次[√]键 ➡ 3

- 哪一个数字的2次方是2呢？（★）

  只要按2，然后再按一次[√]键 ➡ 1.414…

如果想再稍微进阶一下，则可以这么做：

- 哪一个数字的4次方是16呢？

  只要按16，然后再按两次[√]键 ➡ 2

- 哪一个数字的8次方是6 561呢？

  只要按6 561，然后再按三次[√]键 ➡ 3

了解[√]键的使用方法后，接着让我们一起进入主题：一个职场人士，究竟该如何来使用这个功能呢？

想快速掌握平均增长率的话，就可以试试这个功能。

这就是我的回答。

举例来说，假设你这 4 年来的业绩增长了两倍（增长率为 100%），如果按照这样的速度持续增长的话，往后的一年，业绩究竟会提高到现状的百分之多少呢？还有，来年又是如何呢？

事实上，对于这个问题，我听到不少职场人士会这么回答："既然 4 年来业绩增长了两倍（增长率为 100%），那就代表两年增长了 50%。既然如此，那么 50% 的一半就是 25%，就应该是平均每年的增长率了吧！"

然而这样的思考方向是错误的。如果我们假设 4 年前的业绩是 100，用这样的算法去推演，结果将不会是 200（100 的两倍），而是 244。算式如下：

3 年前：$100 \times 1.25 = 125$（年增长率 25%）

2 年前：$125 \times 1.25 \approx 156$（年增长率 25%）

1 年前：$156 \times 1.25 \approx 195$（年增长率 25%）

今年：$195 \times 1.25 \approx 244$（年增长率 25%）

正确的算法应该是这样：

假设 4 年前的业绩是 100，而这 4 年来跟前一年比的平均是A的话，那么今年的业绩数字就是200。

$$100 \times A \times A \times A \times A = 200$$

换言之，就是：

$$A \times A \times A \times A = 2$$

这样就算完成了。只要算出哪一个数字的4次方是2，就能知道每一年的平均业绩增长率是多少。

我相信大家现在应该都懂得，该如何用电子计算器快速算出哪一个数字的4次方是2了吧！

- 哪一个数字的4次方是2呢？

  只要按[2]，然后再按两次[√]键 ➡ 1.189…

简单来说，我们将从这个计算结果中得知，只要连续4年的业绩增长率都维持在19%左右的话，业绩就会增长两倍。大家可以试着用1.19乘上4次看看，应该会得到接近2.0的数字。

那么，就让我们正确解答一下刚刚的问题吧！

一年后的业绩：预估会比今年提升约 19%。

两年后的业绩：$1.19 \times 1.19 = 1.42$，预估会比今年提升约 42%。

理解“√”意义的人应该就能够明白，为何后者算出来的数字，会跟我们在前面提到的（★）部分，计算出来的结果几乎相同。

从过去的数字，推算出来的数字

过去4年业绩增长了两倍

↓

这4年来，每年的业绩增长率约19%

↓

维持这个增长速度，一年后的业绩应该会比今年增长约 19%

↓

维持这个增长速度，两年后的业绩应该会比今年增长约 42%

通过这个案例，希望大家对于增长率与下降率等数字，能持有正确的意识，从而有效运用这些数字。

请大家试着回顾一下过去，并掌握大致的增长或下降比率。如此一来，大家就能够了解每段时间（比如说每一年）的增长或下降比率。做得到这点的话，自然也就不难算出之前增长或下降的比率了。

顺道一提，这里提到的方法，只能用在 2 年、4 年、8 年、16 年等“2 的 N 次方”这样的数字上。

如果想计算出 3 年或 5 年等数字的年平均增长率，请运用 Excel 表格中的相关函数来计算。

这个部分后续会做详细介绍！

就这么简单！增强数字感的绝招

运用√键来训练自己对增长率与下降率的敏感度。

课程 05

% 数的概算，要用除法而非乘法来完成

虽然我们在前面稍微提到了“%”的概念，不过，接下来将进一步跟大家介绍一个与“%”的计算有关，而且知道了就会觉得非常好用的小技巧。

让我先来考考大家，售价 6 580 日元的商品，如果五折处理的话，会变成多少钱？请大家用电子计算器算算。

大家会发现一件很有趣的事就是，即使是看起来如此简单的算术，还是能分成两种算法：

① $6\,580 \times 0.5 = 3\,290$

② $6\,580 \div 2 = 3\,290$

那么，你会用哪一个方法计算呢？我个人的话，是用②。为什么我会选择以②的方式，而非①来计算，理由如下：

因为这么做的话，**不必按很多次按键，就能得出想要的结果。**

大家听我这么说，或许心里会想："这个也算理由吗？"但事实摆在眼前，以方法①来看，光是"0.5"就要按 3 次按键，而方法②中的"2"，只要按一次按键就能结束。

因为一直以来我都有这样的想法，所以当我遇到"%"的计算时，多半会除以整数，而不是乘上有小数点的数字。

举例来说，假设现在要算"某数字的 25% 是多少"。

数字感弱的人

直接乘以 0.25。

数字感强的人

会想，既然 25% 的 4 倍是 100%，那么，想知道某数字的 25% 是多少的话，不就只要除以 4 就行了吗？如果想算 12.5% 是多少的话，因为 12.5 是 25 的一半，所以也只要将数字除以 8 就解决了。

这样的想法，将大幅减少按电子计算器的次数。而且，这样的做法，在不需要完全算出正确的数字，只要大概算出一个数字时，更是好用。

在此，我为大家准备了两个问题，请大家一定要试试。

问题

①6 600 日元的 17% 大概是多少呢？

②24 600 日元的税后价格大概是多少呢？

如果是我的话，会这样算。

因为 17% 的 6 倍大概就是 100%，所以只要将数字除以 6，就能粗略算出想要的答案。

假设日本的营业税是 8%，因为 8% 的 12 倍大概就是 100%，所以只要将数字除以 12，就能粗略算出结果。

答案

①6 600÷6 ＝ 1 100 日元（正确答案是 1 122 日元）

②24 600÷12 ＝ 2 050 日元

这个数字代表营业税，因此，最后只要再减去这个金额，即税后价格：

24 600－2 050 ＝ 22 550 日元（正确答案是 22 632 日元）

或许有人会不以为然，认为计算这种事情就是要正确才行，怎么可以本末倒置，为了省那么一点时间，连好好地用小数点去做乘法都不愿意。

话虽如此，但是对于这样的意见，我却不能苟同。理由有 3 个：

第一个理由是：

比如，以职场人士绝对都会用到的 Excel 为例。大家之所以会那么高频地使用“复制”“粘贴”这些快捷键，还不是因为这样做，比较节省时间吗？

既然操作 Excel 是为了节省时间，那为什么讲到电子计算器的时候，又不需要缩短时间了呢？大家难道不会觉得这样的想法有点矛盾吗？

第二个理由是：

如果大家能够习惯用这样的方式来进行“%”计算，就算有一天手边没有电子计算器，也能快速在脑海中做出粗略的计算。

如果想在脑子里完成小数点的乘法计算，是非常困难的一件事，但是如果只是除以某个整数，相对来说就不会那么难了。

第三个理由是：

我相信除非是从事会计等特别工作的人，一般人应该不会只因为个位数的误差，就使整个日常工作都因此停滞。

或许这样说有点极端，不过在我看来，**只要大家能够靠自己的力量“在短时间内做出粗略的计算”，就能够在职场上生存下来。**

因此，我希望大家能够学习这些电子计算器的使用技巧，让自己能够在短时间内计算出粗略的答案。

最后，我们把刚才所介绍过的概念，整理成以下的表格。当然，大家没有必要去死记这个表，只需要运用这个表来确认自己是否已经充分了解前面所提到的概念，好让自己将来在遇到相关问题时，能快速算出答案就好。

表 1–2 参考除法（÷）与比例（%）的关系

÷	%	÷	%
除以 1	100.0%	除以 11	9.1%
除以 2	50.0%	除以 12	8.3%
除以 3	33.3%	除以 13	7.7%
除以 4	25.0%	除以 14	7.1%
除以 5	20.0%	除以 15	6.7%

续表

÷	%	÷	%
除以 6	16.7%	除以 16	6.3%
除以 7	14.3%	除以 17	5.9%
除以 8	12.5%	除以 18	5.6%
除以 9	11.1%	除以 19	5.3%
除以 10	10.0%	除以 20	5.0%

注：% 的部分是将小数点第二位数四舍五入。

就这么简单！增强数字感的绝招

关于“%”的计算，如果只需算出粗略的数字，就用简单的一次除法来算出答案。

课程 06

数字感强的人，就算被问到“时间”，也会用电子计算器上的数字来回答

你会不会觉得，所谓的电子计算器，就只是个用来计算“数字是多少”的工具而已呢？事实上，我在授课的现场，感受最深的一点就是：

大家往往会用电子计算器来算“数字是多少”，却很少有人会用它来计算“时间”。

在职场上，如果被人问到“金额是多少”的话，每个人也都懂得要用具体的数字来回答。

然而当你被问到“何时”能够完成时，却很少有人会伸手去拿电子计算器来算，多半只是含糊地回答“我会尽可能快一点！”或是“我想应该快要好了”，诸如

此类。

“何时可以完成这项任务？”

“何时可以超越竞争品牌的业绩？”

“何时可以达到损益平衡点？”……

在凡事讲求效率的职场上，“何时”可是极为重要的数字信息。越是优秀的职场人士，越懂得善用电子计算器，来迅速掌握“何时”这个信息。

在此，我将介绍几个在课堂上用来作为训练学员如何正确回答出“何时”的题目。希望大家至少要学会，如何运用电子计算器或心算，快速算出答案的方法。

问题 1

某件工作交由下属加藤处理的话，大概要花 2 个小时；同样的工作交给岛田的话，则需要 4 个小时。主管为了让工作能够马上完成，于是便指示两人从现在开始一起做。理论上两人究竟要多久才能完成呢？

问题 2

岛田的业绩

到上个月为止，总金额累计是 450 万日元。这个月进一步增加了 36 万日元。

加藤的业绩

到上个月为止，总金额累计是 1 130 万日元。

这个月铆足劲儿却只增加了 13 万日元。

如果持续这样下去的话，岛田的业绩何时可以超越加藤？

问题 3

某商品预估 1 天可以卖掉 50 个。

定价是 1 000 日元，成本率是两成，卖掉这个商品的固定成本是 700 万日元。如果假设变动成本只有商品成本，业绩究竟何时能够超越损益平衡点？

大家觉得如何呢？心中有底了吗？这 3 道题目，请大家务必要自己算算看！

答案 1

加藤每小时可以完成 50%，岛田每小时可完成 25%。因此，如果两人连手一起做的话，1 个小时就能完成 75%。

想要完成 100% 的话，就是 100÷75 = 1.333…（小时）。0.333…换成分数的话，代表 1/3，而 1 小时的 1/3，刚好是 20 分钟。

换言之，就是 1 小时 20 分钟后两人会完成该工作。

* 如此一来，主管就可以指示两人说："目标在 1 个小时内完成，不然的话，最迟也要在一个半小时内做完。"

答案 2

现状差异是，1 130 万日元－450 万日元＝680 万日元。

每一个月的增加差异是，36 万日元－13 万日元＝23 万日元。

680 万日元 ÷23 万日元＝29.56…

换言之，就是 30 个月后能超越对方。（请参考图 1-1）

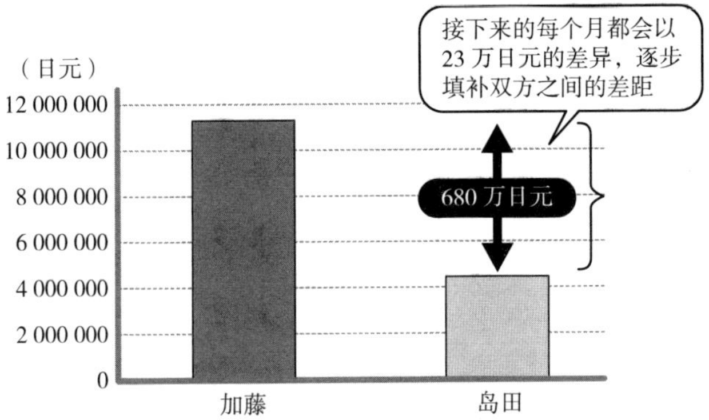

图 1-1　目前的业绩

* 不过前提是，30 个月后岛田还待在这家公司。

答案 3

卖掉 1 个商品的毛利是 1 000×0.8 = 800 日元。

因为基本上只要不断累积销售个数，固定成本就能得到回报，所以如果能够卖出 700 万日元 ÷800 日元 = 8 750 个的话，就能超越损益平衡点。

由此可知，收支状况大概会在 8 750 个 ÷50 个 = 175 天后（即约半年后）取得平衡（请参照图 1-2）。

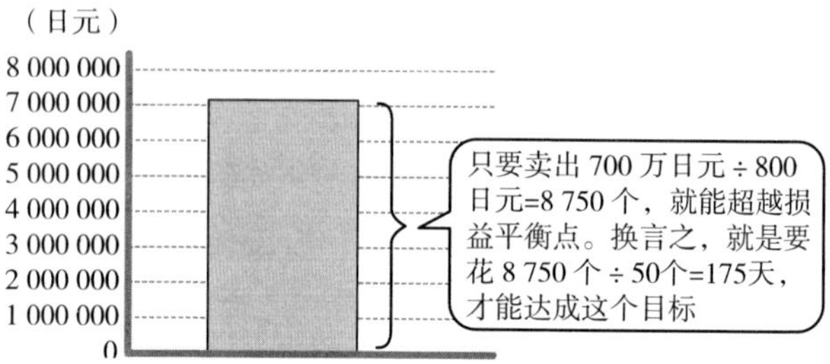

图 1–2　何时可以超越损益平衡点？

* 话虽如此，但也得要这个商品在半年后“还是卖得很好”才行。

像这样，只要懂得使用电子计算器来掌握“何时”，你就能做出具体的指示，而且也能够帮助你有效认清自己所描绘出来的蓝图是否具有可行性。

就这么简单！增强数字感的绝招

通过本篇的 3 个问题，强化自己具体答出“何时”的能力。

课程 07

数字感强的人，会等到用电子计算器做完除法后，再“有效率地”作答

大家应该都注意到了，我们在前面所介绍的 3 个问题，全都需要用除法来计算。

另外，所谓“%”的计算，也是只要运用除法就能简单完成。

由此可知，在小学时学到的加、减、乘、除四则运算中，以除法在职场上的地位最为重要。

事实上，除了我们在前面所提到过的一些情况，职场上还有许多其他会用到除法的情景。究竟是什么时候需要用到呢？直截了当地说，就是：

当你想评断某件事的“效率是高或低”之前！

我相信大家对“效率”这两个字都不陌生，过去也一定会经常提到它。

那么，现在就来考考大家：效率的定义究竟是什么？必须具备哪些要素才称得上“有效率”呢？

面对这样的问题，出人意料的是，多数人居然都不知该如何回答。身为商务数学专家以及本书的作者，我的回答是这样的：

什么是效率？

是指以下的数字越大，就代表越有效率。

效率＝得到的东西（数字）÷ 消耗掉的资源（数字）

如果现在有两份打工性质的工作，①日薪 1 万日元，②日薪 1.5 万日元，你会选择哪一个呢？

可能很多人都会不假思索地说：“当然是选②啊！”话虽如此，对于数字感强的人，脑中会先闪过“①与②这两份工作的工作时间分别是多少？”等问题。

假设分别是 5 小时与 8 小时的话，那么：

① 5 小时的工作 ➡ 1 万日元 ÷5 小时＝ 2 000 日元

② 8 小时的工作 ➡ 1.5 万日元 ÷8 小时＝ 1 875 日元

经过以上计算后，自然会想要选择时间效率更高的工作①。

总而言之，**在职场上进行所谓“效率高或低”的讨论前，一定要先经过“除法”的计算，否则一切都是空谈。**

话虽如此，我相信绝对没有人会特别为了这么简单的除法去打开 Excel，顶多也只是拿电子计算器出来迅速算一下就好了。

数字感强的人，在回答与效率高低有关的问题前，绝对会先按一按电子计算器。

这一点，就是这里要传达给大家的。

最后，我给大家准备了一个简单的练习题，请大家用电子计算器算算看。

问题

在表 1-3 中，有百元商店与便利超市每天的平均业绩、每小时的平均工作人数与各店的工作时间等数据。依这些数据来判断的话，你认为哪一个方案在销售业绩上的效率更高呢?

请在 15 秒内完成作答。

表 1–3 百元商店与便利超市的业绩表

	每天的平均业绩（日元）	每小时的平均工作人数（人）	工作时间（小时）
百元商店	275 000	5	10
便利超市	360 000	3	24

答案出来了吗?

为什么要限制在 15 秒内完成，就是希望能给大家机会练习：如何能同时减少多余的作业，又能算出正确的结果。刚刚在计算时，你有没有哪些动作是多余的呢?

首先，为了要算出员工的总工作时间：

5（人）× 10（小时）＝ 50（小时）。

大家应该会很自然地做出上述的计算吧！如果计算完 5 × 10 后，最后还是必须再除一遍的话，那倒不如一开始就直接除以 5，再除以 10。

另外，就像我们在前面所介绍过的，既然千有 3 个

“0”，那么 275 000 只需在电子计算器中按“275”就够了。

以下是我的作答方式，也是这个问题的结论。

答案

百元商店：275÷5÷10 = 5.5（千日元）

便利超市：360÷3÷24 = 5.0（千日元）

由此可知，百元商店的效率更高。

果然，讲到“效率”，还是少不了除法啊！

就这么简单！增强数字感的绝招

效率＝得到的东西（数字）÷消耗掉的资源（数字）

课程 08

数字感强的人，按电子计算器前会有的习惯

我相当敬重的畅销作家佐藤传曾经讲过一句话，那就是："人生将因习惯而改变。"因为习惯会改变人，进而改变他的人生。

所以，在本章的最后，我希望能够让大家知道，数字感强的人在按电子计算器前，究竟会有什么习惯。

你认为有可能是什么习惯呢？答案可能会令你傻眼。那就是：**总是随身带着电子计算器。**

就只是这样。

为了怕大家误解，在此要特别提醒：**智能手机里的电子计算器功能，不包含在内！**数字感强的人，总是随身带着自己的电子计算器。接下来，我将为大家说明其原因。

很不可思议的是，来参加过我的培训课程的学员中，懂得要带自己的电子计算器来上课的，在课堂上的表现

往往比其他人好，对于电子计算器的操作，自然也非常熟练。

另外，不带自己的电子计算器，只会低着头猛按手机中的电子计算器的学员，在课堂上的表现相对来说就没那么好了。换言之，他们大部分是数字感比较弱的人。

关于这一点，绝对跟电子计算器或手机应用软件的功能无关，而是一个人的意识问题。

明明知道自己是去参加跟数字有关的培训，却不带电子计算器的人，想来想去，只有以下两种可能：

- 他是心算能力超强的人。
- 他是对数字意识极弱的人。

我相信大部分人的心算能力都还没到超强的地步，所以这些人比较有可能是后者。

这么说或许有点夸张，但说实在的，对数字意识弱到这种程度，实在很难指望他能成为数字感强的人。

与各位分享一个实例。

曾经，我在某家专门做网购的公司上班，那里的老板不管参加多小的会议，都会随身携带电子计算器。

他带的绝非什么最新的品牌，而是那种长年累月持续使用后，散发出复古味道的电子计算器。会议中，经常可以看到他用电子计算器迅速地计算与专注思考的模样。

当然，这家企业到现在依然屹立不倒，而且业绩也还在持续增长中。

不管用不用得到，都会随身带着电子计算器的人，与明明知道可能会用到，却还是不将电子计算器带在身上的人。**两者的差距，将远远超出大家的想象。**

顺道一提，为什么我会坚持认为智能手机中的电子计算器功能就是不行？

举例来说，想象一下当你要购买高级名表或保险等高单价商品时的情景。

如果在签订重要契约的场合，对方不以为意地拿出手机来计算交易金额，你会作何感想呢？如果是我的话，应该会觉得很无力。

实际上，我相信在这种情况下，绝大多数的人应该都会用电子计算器给顾客看消费的金额。

在职场上，使用手机应用软件当作电子计算器来计算的样子，除了会让人觉得有失专业性，最重要的是，还会让你的交易对象感受不到你对他的尊敬。

优秀的职场人士，往往会很重视自己的仪容仪表，因为他们知道，这不仅是自己专业与地位的象征，更是对别人的一种尊重。这两者的道理其实是相通的。

因此，如果你真的有心想要成为数字感强的职场人士，千万要记得为自己准备一台电子计算器，而且时时刻刻都将它带在身上。不需要买太贵的，比如我个人一直在使用的这一台，大概只要 2 000 日元。

讲得更极端一点儿，数字感强与数字感弱的人，大概也就只有这么点儿“意识”上的差距而已。

就这么简单！增强数字感的绝招

养成随身携带自己的电子计算器，而非使用手机上电子计算器功能的习惯。

专栏：Excel 函数中“Power”的使用方法

在 Excel 中有个叫作“Power”的函数。

○的△次方是多少呢？ ➡ = Power（○，△）

比如，如果你想知道 2 的 5 次方是多少，就只要输入 = Power（2,5），就会得到“32”的答案。

假设过去 3 年间，业绩总共增长了两倍，如果你懂得活用这个函数，就能算出年均增长率，进而用数字来了解业绩增长的状况。

= Power（2,1/3）

如果用中文来表示的话，这个函数的意义如下：

2 的 1/3 次方是多少？

输入这个函数的话，将会得到“1.26”的答案。

反过来数的话，如果把1.26乘上3次，则差不多是“2”（请大家务必计算看看）。

换句话说，这3年来业绩的年均增长率，是以26%的幅度在增长，通过这个数字也可以快速掌握未来的状况。

记住！遇到这种问题时就可以使用Excel中的“Power”函数。此外，还要记得，就像我在前面介绍过的，如果是像2年、4年、8年等状况，只要用电子计算器中的[√]键，便可以轻松解决。

2. 让它成为你一辈子的武器！

运用数字来快速思考的技巧

你懂得用数字思考吗？

第一章提到的电子计算器部分非常重要，不过再怎么重要，多半也只是在操作而已。

事实上，我在培训的课堂上，思考时间的比重绝对远远超过操作时间。因此，许多学员上完课后，往往会向我反映："感觉好像学了许多平常用不到的地方，整个人觉得好累。"

第二章的主题是，**数字感强的人的思考方式。**

数字感强的职场人士，往往也很懂得思考，当然，是指运用数字来思考。

不过，这里所讲的思考，绝对不是只有理工科出身的人，才有的特别思考。反而都是些说出来会让大家觉得："咦？就这么简单吗？"

不过，我们确实偶尔也会运用这种方式来思考。

见过这么多的职场人士后，我发现一件事：那些数字感强的人，其实有好几个共通的思考模式。

那么，废话不多说，就让我们开始上课吧！

课程 09

掌握区分重要性的技巧，快速做出决定

运用数字来思考，究竟有什么好处呢？

针对这个问题，我有两个答案：

①可以量化问题。

②借此说服别人。

这两个答案到底是什么意思呢？接下来，就为各位进行具体的说明。

首先是有关①的部分。所谓“量化”，简单来说，就是**指将原本该用数字来呈现的**问题，**运用数字来使其具体化**。

举例来说，“明年的业绩要更上一层楼”这句话中的“更上一层楼”，如果换成“10%”等更为具体的数字，就

是量化的表现。

一旦懂得将问题量化，就能运用数字等具体话术，来与他人进行沟通，而且，也如同②中所提到的，这样的话更能说服别人。

那么，数字感强的人究竟都是怎么量化的呢？我发现这些人在量化时有 4 个特征。

第一个特征是，这些人在思考时，都懂得先**“区分重要性”**。比如，请大家思考以下的问题：

问题

假设你在某家眼镜制造公司负责营销的工作。

这家公司很擅长生产年轻人喜欢的商品。

如果是你的话，接下来会想要朝哪一个方向去开拓新市场呢？

①创立电脑专用眼镜的新品牌。

②创立老年人专用眼镜的新品牌。

③设立网购眼镜业务。

相信大家看完这个题目后，心里一定会很困惑吧！因为单凭这些抽象的信息，就要大家想出答案，实在有点强人所难。

那么，想要进行具体而非抽象的思考，究竟需要哪些信息呢？答案就是“数字”。

话虽如此，但这并不表示单纯只看将来哪一个市场的利益规模较大，就朝哪个方向去发展。

举例来说，大家应该会考虑市场的未来性、对主业的影响等因素，才能做出决定吧？

在此，大家要不要试着将这几个评估项目，分别用1、2、3来打分，最后再算出总分。

不过，有一点要提醒各位注意，那就是：

务必要强迫自己，为各个项目都做不同的评分。

如果你因为对每一个项目的感觉都差不多，而通通都给2分的话，那数据化就没有任何意义了。

然后，再将这3个评估项目（以此例来说，也就是指获利额、市场未来性及对主业的积极影响）的重要性也同样数据化，并乘上原来的分数。

因为打分时会同时思考重要性，因此将这个方法称为“区分重要性的评分”。

光是凭借这样的思考方式，就能让原本极不明确的状况，瞬间转换成具体有用的信息。

答案

第一步，先针对获利额、市场未来性及对主业的积极影响这三个项目，分别做出评分，见表 2-1。

第二步，从重要性的角度来看，如果认为获利额＜市场未来性＜对主业的积极影响的话，就可以算出总分，见表 2-2。

这家公司较为擅长的是生产适合年轻人戴的眼镜。

相对而言，对老年人的需求则较为陌生，因此，就算这个部分将来有再大的商机，也不应该贸然投入，否则将会非常危险。

另外，在无法提供试戴服务的网络上卖眼镜，感觉生意很难做起来。

由此可知，针对既有客户提供新的生活方案，同时培育出更多的爱好者，应该会对主业比较有帮助，也会是比较正确的做法。

表 2–1 量化给分

	获利额	未来性	积极影响	总分
电脑专用的新品牌	2	2	3	7（2+2+3）
适合老年人的新品牌	3	3	1	7（3+3+1）
网购业务	1	1	2	4（1+1+2）

表 2–2 量化给分（区分重要性）

	获利额（×1）	未来性（×2）	积极影响（×3）	总分
电脑专用的新品牌	2（2×1）	4（2×2）	9（3×3）	15（2+4+9）
适合老年人的新品牌	3（3×1）	6（3×2）	3（1×3）	12（3+6+3）
网购业务	1（1×1）	2（1×2）	6（2×3）	9（1+2+6）

注：获利额的点数维持原状（×1）。

市场未来性的点数具有两倍价值（×2）。

对主业的积极影响的点数具有 3 倍价值（×3）。

"原来如此！不过，怎么可能用算术就能做决定呢？实际在做决定的时候，根本不可能会这么简单！"

依据我的经验，很多人一定会这么想，然而，这样的想法是错误的。

为什么我会这么讲？因为否定这个方法的人，往往都是欠缺勇气做决定的人。

所谓的"用数字来决定优劣"，就是非黑即白，壁垒分明，没有灰色地带。

欠缺勇于区分黑白的人，因为害怕做出错误的判断，所以多半会努力想维持在灰色地带。

这么说或许有点严厉，但是在我看来，这样的人根本不是真心想做决定，因此无法认同这个简单而明快的决定方式。

相反，对于有心想做决定的人，拥有量化的勇气，并且懂得用上述的方法快速而明确地区分黑白，工作时自然会具备前进所需的动力与效率。

由此可知，职场上的事，想得越复杂就越无法做决定。

- 越懂得量化的人，越能做出决定。

- 越不懂量化的人，越不能做出决定。

如果你刚好是后者的话，那么我会告诉你，现在你所需要的并不是什么高深的数学，而只是些许的勇气。

就这么简单！增强数字感的绝招

想做决定的话，记得要将评估数据化→将重要性数据化→算出总分。

课程10

迅速掌握市场规模的“聚焦与延展法”

数字感强的人，究竟是怎么做量化的呢？续接上一节课，让我们来看看第二个特征。

刚刚我们提到眼镜，大家可知道全日本戴眼镜的人到底有多少呢？

“应该不少吧！”“感觉应该会蛮多的！”“社会渐趋老龄化，戴眼镜的人应该也会越来越多吧！”

这样的回答谁都会。

既然第二章的主题是“思考模式”，大家要不要试着用数字来想想看？

请各位把“搞什么？很麻烦！”或“这不是上网搜索一下就会有答案了吗？”等情绪，暂时先放到一边。

事实上，对于数字感强的人来说，当我在培训课堂上问到这个问题时，大多会有相同的反应，那就是：

朝四周张望。

这究竟是怎么一回事呢？

如果我问这些到处张望的人：“为什么你们朝四周张望呢？”

往往会得到以下的答案。那就是：

“因为我想知道在这个培训课堂上，到底有多少人戴眼镜？”

没错！既然从全日本的角度来思考，会因为范围过大而不容易得出答案，那何不先将视线聚焦于眼前这个教室？接着，再根据这个数据来做延展，就会很容易掌握日本全国这个大范围的情况。

而我将这个方法，称为**“聚焦与延展法”**。

请试着想象一下，假设在这个培训新人的教室中，连同你自己在内，总共有 30 人。

环顾四周后，你发现一共有 9 个人戴眼镜，算下来教室里戴眼镜的人占了 30%。

当然，年纪越大的话，戴眼镜的比例自然会越高。考虑到社会逐渐趋于老龄化，平常需要用到眼镜的人可能高达 40%~50%。（不敢相信有这么多吗？）

最后，就是大家最关心的答案了，据说，日本戴眼镜的人有 6 000 万，占了日本总人口数的 50%。由此看来，这个概算法，其实也很有说服力啊！

聚焦与延展法

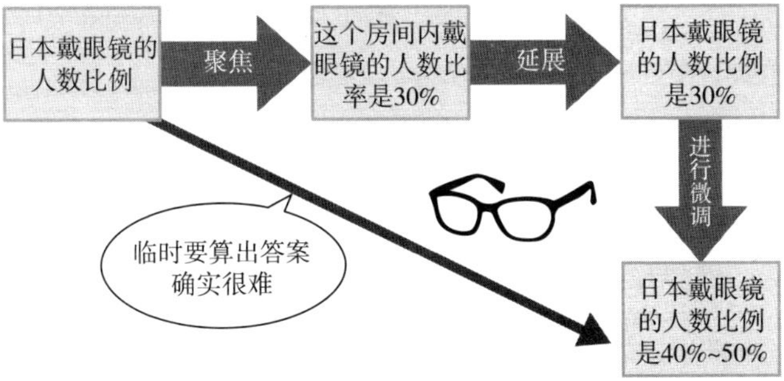

说个题外话，事实上，根据在东京都内某大型出版社担任商业图书编辑的山田先生（化名）跟我讲过的一件事情，就可以看出他们用的也是类似的方法。

据说，山田编辑的主管判断某本书的策划是否应该被采用的其中一个标准就是：要大家去公司外找 10 个人来问，看看结果如何。

换句话说，就是随机找路人搭讪，问对方：“如果你看到这本书的话，是否会想要翻开？”如果10个人当中完全没人想看的话，这个策划就会被淘汰；相反，如果有大部分人想看的话，则代表这个策划有希望。

这样的判断依据，乍看之下似乎有点乱来，但在我看来，却是相当明智的做法。

举个极端点儿的例子。如果10个人当中，有一半的人都想翻翻看，那根据这个粗略的算法，东京都内1 300万的市民中，就有约650万人可能成为该书的读者。

继续延展的话，因为日本的总人口数约1亿3 000万，换言之，整个日本将有6 500万人是该书的潜在读者。看到这个极有可能打造成超级畅销书的策划，任何人应该都会想立刻出版这本书吧！

相反，一本在10个人当中完全没人想看的书，你还能指望它成为畅销书吗？

数字感强的人，懂得在短时间内掌握市场规模，并快速判断一个生意到底能不能做。

职场上，有时不用太过计较一些细枝末节，只要掌握大致的规模就能做出决定。

就像我们在前面提到过的，一个人要是能懂得量化，就能快速做出重大的决定。

就这么简单！增强数字感的绝招

想要掌握规模，就要先缩小范围去思考！

课程 11

只要 1 分钟，就能让你推算出任何一家店营业额的“乘法思考术”

关于量化，第三个特征是**“乘法”**。

就拿我们刚刚一直在讲的眼镜来说。

你认为日本眼镜市场的营业额大概是多少呢？

我相信，除非你是精通市场的专业顾问，或实际从事眼镜相关业务的人，否则脑中对这个数字应该完全没有概念。

话虽如此，就像我们在前面提到过的，即使对这个数字没有概念，也能用自己的方法快速算出大概的金额，这是非常重要的一点。

我经常会利用空闲时间，给自己设定类似的题目，然后在脑中进行试算。

那么，现在就让我们一起来算算看吧！

重点是通过快速的思考，来掌握大致的市场规模，因此，只要算出大概有几位数就行了。

刚刚我们提到配戴眼镜的人约 6 000 万。我们假设这 6 000 万人中约有一半的人会每年换一次眼镜。

接着是有关客单价的部分。如果是年轻人的话，有可能会买几千日元的眼镜，而老年人则可能会买几万日元的眼镜，因此平均就当成是 1 万日元好了。

6 000（万人）× 50% × 10 000（日元）= 3 000（亿日元）。

实际的数字据说是 4 000 亿日元。因为我们只要求位数正确即可，所以这样的结果也算达标。

通过这个例子想告诉大家的是：如果你只是想大概算个数字，记得要用乘法来计算。

我认为稍微再举几个具体的例子会比较好，所以又准备了以下两个问题。

每题限时 1 分钟。现在就请各位来挑战吧！

问题

①某家超市在下午 1 点计算 10 分钟内的来店客数之后发现，共有 12 人。

据此推算，这家超市在下午 1～4 点的 3 个小时内，究竟能有多少营业额?

②东京迪士尼乐园酒店一晚的平均单价是 5 万日元，客房数是 700 间，一年的营业天数有 365 天，热门程度不在话下。请你预估，一年下来，这家酒店将创造出多少业绩? 据说，东京高档酒店的平均订房率大概是 70%。

这两道题目主要的目的，是在训练大家在短时间内快速完成概算，因此，请大家务必要严格遵守 1 分钟的时间限制。

那么，现在就由我来为各位进行解析吧!

答案

①先假设这家超市的平均购买率（指购买客数与来店客数的比例）是 90%，客单价是 500 日元，而 3 小时等于 180 分钟，就能用以下的乘法，算出粗略的金额。

3 小时的来店客数 × 购买率 × 客单价

= (12×18)×0.9×500

= 97 200 (日元)

②既然是家热门酒店，所以先假设它整年都有 90% 的订房率，然后，就能用以下的乘法，算出粗略的金额。

房间数 × 订房率 × 营业天数 × 客单价

= 700×0.9×365×50 000

= 115 (亿日元)

各位看完之后觉得如何？

想这样快速算出粗略的金额，诀窍就在于，要先思考：自己现在想要知道的数字，究竟是怎么用乘法算出来的？换言之，就是要先将这个数字分解成许多的乘法。

只要懂得这么做，你就能在短短 1 分钟内，推算出任何一家店大致的营业额。

从明天起，大家要不要跟我一样，一有空就试着挑战看看呢？

如果想知道正确答案的话，事后再想办法去查证就行，即使算出来的结果跟实际状况有出入，也不丢人，毕竟你已经试着学会怎么用数字思考了。

补充一下，2015 年东京迪士尼酒店实际的年度营业额约 167 亿日元。

或许大家会觉得这个金额跟我们算出来的 115 亿日元有些差距，不过我们的算法并没有将婚宴与餐饮等非住宿营收也一并考虑进去，所以自然会产生这样的误差。

由此可知，前面介绍的这个仅用乘法来计算的方法，其实是非常好用的。

就这么简单！增强数字感的绝招

想知道金额是多少，将它分解成许多乘法，就能快速得到答案！

课程12

要“数字→数字→图表”，而非“数字→图表”

量化，不单是指刚刚提到过的，将特定问题予以量化而已。事实上，**将原本已经量化的东西，再进一步予以量化，也是一种量化。**

举例来说，当你有“虽然手边确实已经有些数据了，但究竟该做哪些加工才好？”或者“到底要用怎样的图表来表现呢？”等想法时，其实就是将量化再量化了。

换言之，即“数字→数字→图表”的工作，也是绝大多数的职场人士，随时都可能会碰到，非常基础的工作。

话虽如此，千万不能因为它很基本就随便做。事实上，数字感强与数字感弱的人，在这个地方有着相当明显的差异。

为了让大家更清楚究竟是怎样的差异，在此，先为各位介绍一个我在培训课堂上都会让学员做的练习。

或许大家会因为问题过于简单而掉以轻心，不过，就算是这么简单的问题，也可以明显看出前面说的差异。

问题

表 2-3 所示是某超市某个星期营业额的数据。请分别依据①与②的内容，制作出做简报时要用的图表。

①平日的销售状况比假日好。

②平日的营业额占一周营业额的绝大部分。

表 2-3 某超市营业额 （日元）

	星期一	星期二	星期三	星期四	星期五	星期六	星期日
营业额	538 000	511 000	492 000	449 000	405 000	384 000	291 000

首先，从数字感弱的人制作的图表开始介绍。

答案

数字感弱的人会这么做

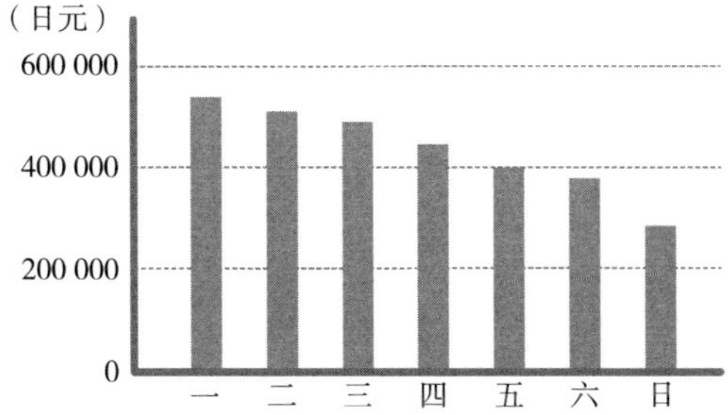

图 2-1　平均营业额

如图 2-1 所示，平日的营业额较高！

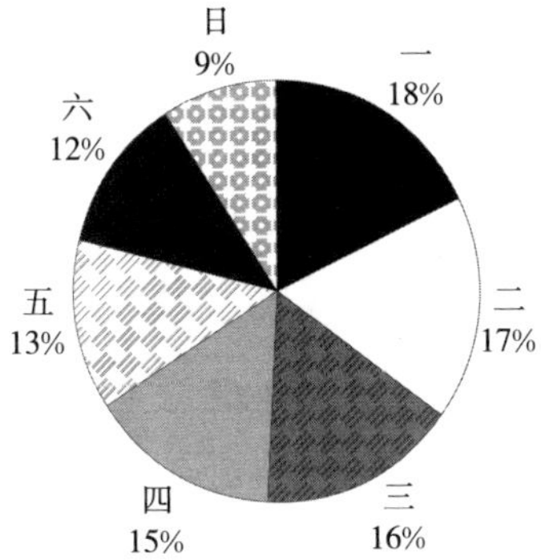

图 2-2　一星期营业额占比

如图 2-2 所示，平日的营业额占比大概是 80%！

大家注意到了吗？这个人完全未将数据进行加工，就直接做成了图表。换言之，就是数字→图表。

因此，尽管他说："如图所示……"，但事实上如果不经说明的话，看到简报的人根本无法明白他想通过图表来表达什么。

而且，他所讲的"大概 80%"这个数字，如果其他人自己不动手算的话，也无从得知。总而言之，感觉就是一份非常不规范的简报。

而数字感强的人做的简报是这样的。

答案

数字感强的人会这么做

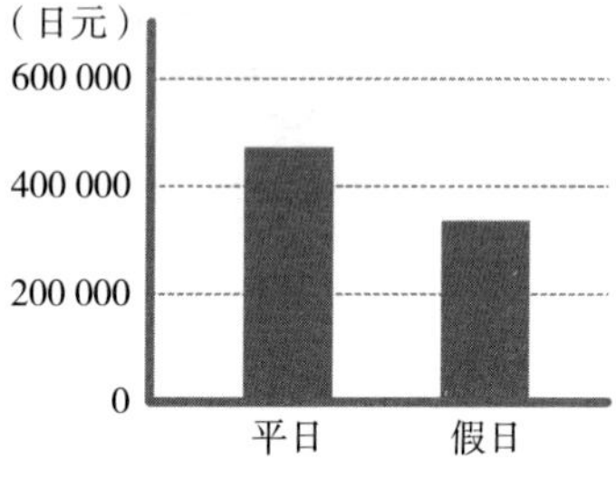

图 2-3　平均营业额

图2-3是平日与假日平均营业额（每日）的对比图。如图所示，店家平日的销售状况明显比假日好。

平日约占营业额的80%。

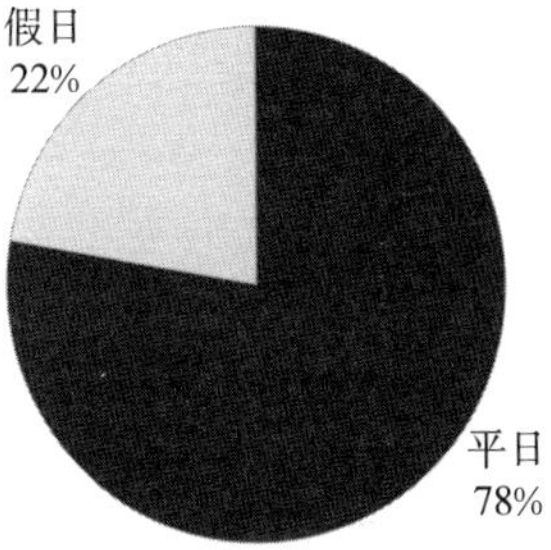

图 2-4　一星期营业额占比

图2-4是平日与假日营业额占整个星期营业额的比例。如图所示，平日约占80%。

两者之间的差异立竿见影！数字感强的人，为了让看的人能明确掌握图表要表达的信息，在制作图表时，都会多加一道必要的程序，让自己做起简报来更得心应手，也更为人所接受。

由此可知，唯有具有这些基本功的人，才有资格说“如图所示”。

接着，我们把这一节课要表达的重点整理如下：

数字感弱的人

做事方法为：数字→图表。

在图表中放过多的数据。

数字感强的人

做事方法为：数字→数字→图表。

图表中的数据很少。

相信从上述的例子中大家应该也会发现，其实两者的差异很小。

因此，我强烈建议大家平常在工作时，把给别人看的图表尽量简化，别轻视“数字→数字→图表”这个习惯。

这样做的话，大家就会自然而然地养成不断用数字思考，以及对数字进行加工的好习惯。假以时日你也必然会发现，自己的思考模式早已在不知不觉中变成跟数字感强的人一样了。不需要拼命努力做什么，只要将自己平常的工作习惯稍微做个调整，数字感自然就会越来越强。正因为如此，所以才说是绝招。

到目前为止，我们以量化为主题，介绍了几个数字感强的人共同具备的思考方式：

- 区分重要性。
- 聚焦与延展法。
- 乘法思考术。
- 数字→数字→图表。

懂得运用这些技巧来进行量化，你就能掌握工作沟通中强有力的武器，也就是数字。

不过，大家可能不知道，数字感强的人其实还会进一步思考，究竟该如何让数字变成更强的武器？

因此，接下来我们将进入第二章一开始所提到的说服别人这个主题。

数字感强的人，为什么能够说服别人？他们的思考模式又是怎样的呢？

就这么简单！增强数字感的绝招

要“数字→数字→图表”，而非“数字→图表”。

课程 13

利用数字找出谈判着力点的方法

用数字来说服别人，最好的例子就是职场上的推销，或是在店里跟人砍价等行为，换言之，就是所谓的“商务谈判”。

不用说也知道，买方希望买便宜一点儿，卖方则希望卖贵一点儿。总之，双方所要的是完全相反的东西。因此，如何通过数字来找出谈判时的“着力点”，同时达到说服他人的目的，是一门高深的学问。

在这个没有绝对正确答案的题目中，如果要找出一个最重要的观点来跟各位分享，我的选择是：

用数字来定义对方的“喜悦”。

比如，假设你是一名销售，你希望客户跟你订购 100 个商品，不过客户给你的答复是，他只需要 50 个。

此时最重要的就是，你必须去了解，**客户究竟想借这场交易达到怎样的状态**。

要知道，客户不是因为想要 50 个商品才来订货，而是为了达成某个目标，才会来订购这 50 个商品。

既然如此，我们只要懂得用数字来了解某种状态，就能从别的角度切入，提供合适的建议供客户参考。

在此，我准备了一道具体的题目供大家练习。

问题

假设某定价 2 000 日元的商品，供应商是以 800 日元的价格卖给零售商。换言之，只要零售商以定价来卖，就能获得 1 200 日元的毛利。

供应商

希望对方能订 100 个（也就是希望通过这笔订单，得到 800 日元 ×100 个＝ 80 000 日元）。

零售商

进货 50 个就够了。

为什么零售商只要50个就够了呢？因为他担心订太多，未来会有很多的库存，而且只要能够获得60 000日元的毛利，就能达到原先设定的目标，自然不用订那么多。

50个全卖掉的话，即1 200日元×50个＝60 000日元。

那么，如果你是供应商的话，会如何说服对方呢？

绝大多数的人都会这样回答："取100与50的中间值，即努力谈判让对方订75个。"这种做法就像是一种妥协，称不上皆大欢喜。

因为事实上，即使成功让对方订了75个，身为供应商的你，还是只获得800×75＝60 000日元的毛利而已，距离80 000日元的目标，自然还是有段差距。

这种时候，一定要思考的是，对方之所以坚持要订50个的理由究竟是什么？

在我看来，对方并不是想订50个，而是希望能在不产生库存的状况下，赚到6万日元。

既然如此，我们可以想想看，究竟有没有什么特别的办法，可以帮助客户达成这个目标？

答案

定义对方的“喜悦”

想让零售商开心，必须满足以下两个条件：

①用这个商品让零售商赚得6万日元。

②全部的商品都卖光，完全不留库存。

如果供应商能够同意对方，将这100个商品打折出售的话，零售商就可以获得平均1个相当于60 000日元÷100个＝600日元的毛利；而600日元+800日元＝1 400日元则为折扣后的售价。换言之，就是定价的七折。

同意零售商薄利多销，以平均七折的折扣来出售，再让对方来订100个，供应商就能如愿拿到80 000日元的订单，而零售商也能达成赚取6万日元的毛利，又不留下任何库存的目标。

换句话说，就是双方目标都达成的双赢局面。

上述的例子只是想说明，这也是其中一个思考方式而已。

其实，我最想表达的还是：**一旦误解对方对“喜悦”**

的定义，就无法说服对方。

如果未使用具体数字的谈判，只能以“拜托您无论如何一定要买”这样抽象的对话来进行。

数字感强的人，懂得用数字来明确定义对方的“喜悦”，自然知道该如何用数字与对方谈话，同时用数字找到谈判着力点，这样跟人谈起生意自然会比较有说服力，工作进行起来也比较顺利。

用数字来定义对方的“喜悦”

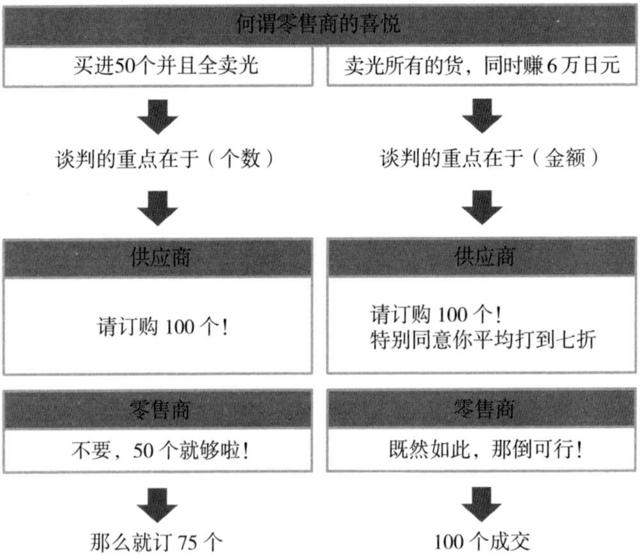

就这么简单！增强数字感的绝招

记得用数字来定义你想说服对象的“喜悦”。

课程 14

连乔布斯都在用的“除法技巧”

“怎样啊？你说我是不是很厉害？”

虽然每个人的表达方式不同，但在职场上像这样自我吹嘘之后，逼着要对方说“是”的场面，还真的很常见。

简单来说，就是努力说服别人，要对方产生“原来如此”“确实是这样”的想法。

“您觉得怎样呢？有没有感觉我们公司的商品真的很优秀？”

“这个月我比谁都认真地在拓展业务！”

“我研发出来的商品，现在可是相当火爆啊！”

时至今日，世界各地还是充斥着这些自我吹嘘的话语。

事实上，数字感强的人，就算是想让人知道自己有多厉害，也会用数字来表现，因为用数字来表达更有说服力。

前几天，我在购买《日本经济新闻》所夹带的一堆广告中，发现了一张可可粉邮购的宣传单。

主要的内容，简单来说，就是以下内容：

> 大容量200袋装（40袋×5）。
> 4 104日元（含税）。
> 到11月底为止！

不过，这张宣传单上除了这些内容，还登载了体现“自家商品有多便宜”的数字。

而且，这些数字不仅经过特殊加工，还分布在小小宣传单上的6个地方，摆明就是想利用这些数字来吸引消费者。

在这里问大家一个问题：如果你是这家可可粉公司的负责人，而且你又必须在促销宣传单上标记一些极具说服力的数字，你会使用哪些数字呢？

大家是不是觉得这个题目很像猜谜游戏呢？

事实上，当我应各大企业之邀，举办各种数字思考的培训课程时，这绝对是我会拿出来让学员练习的一个重要题目。

为什么要这么做呢？因为绝大多数的人都知道，懂得运用数字，就能提升说服力，不过，真正懂得思考“到底要用怎样的数字，才能提升说服力”的人，却少之又少。

人们很容易讲着讲着，不小心就忽略了对方的想法。因此，我希望大家要懂得灵活地将谈话的内容，转换成让人眼前一亮的字眼。

有点离题了，让我们重新回到刚刚的问题上。

我猜，大家的答案应该是这样的：

4 104（日元）÷200（袋）＝20.52（日元/袋）。

小数点看起来有点烦琐，四舍五入的结果是：

每袋相当于 21 日元（含税）。

200 袋这个数字，对消费者来说并不会有特别的感觉。而且，与其标明 4 104 日元这个金额，不如通过简单的除法，让金额看起来小一点，会显得便宜些。

顺道一提，如果宣传单上实际写的数字才算正确答案的话，那么上面所述的 21 日元，我只能打 90 分。

那么宣传单上到底应该写多少钱？答案是：

20.52（日元）÷1.08 = 19（日元）。

换句话说，就是：

每袋相当于 19 日元（不含税）！

总金额 4 101 日元明明是含税价，而这里的 19 日元却是不含税的价格。19 日元与 20 日元给人的感觉或许真的有所不同。不过，也让人因此见识到可可粉公司对呈现数字的细节，到底有多讲究。

不只是可可粉的例子，对于数字感强的人来说，就算是面对相同的事情，也会因为对象的不同，而经常做出调整。

还有，数字感强的人，也很懂得如何将一般的数字，转换成让别人更容易看懂的数字。所以，运用除法将数字转换成“相当于 ××”的机会自然也很多。

今后，请大家务必要时时提醒自己，说话前记得先将内容转换成“相当于 ××”等别人能听懂的数字，之后再说出口。

比如苹果公司创始人史蒂夫·乔布斯在 2008 年苹果

手机发布会上，就曾引以为傲地讲过：

“苹果手机到目前为止已经卖出 400 万台。真是令人开心！”

“400 万除以 200 天的结果，就相当于 1 天平均卖出 2 万台苹果手机。”①

就这么简单！增强数字感的绝招

光是将数字转变成“相当于××”，就能瞬间让人听懂！

① 资料来源：《惊异的简报》，日经 BP 出版社。

课程 15

数字感强的人，会针对营业额做出 3 种不同的预测

我知道我这么说的话，一定会有人持反对意见，但我还是要说：

预测这种事，根本不可能会准确！

以来年的事业计划为例，就是将预测未来的结果套用到数字中。

那么，一年后，一切是否真如计划在进行呢？如果答案是肯定的话，那真的很厉害；不过，我相信绝大多数的人，答案应该都是否定的。

比如，观看运动比赛的人数。

2015 年举行的橄榄球世界杯中，日本队表现出众，在全日本掀起了一阵空前的橄榄球热。世界杯结束后举办

的日本橄榄球联赛开幕赛（松下对决三得利）的预售票，更是瞬间被抢购一空。

根据这样的盛况，参赛选手与相关人员自然会认为，比赛当天一定会座无虚席。然而到了比赛当天他们发现，观众席两侧的位置空荡荡的，观众人数也不过 10 792 人，致使日本橄榄球协会的相关人员被逼着要出面道歉。

换句话说，不管是**比预期好还是比预期差，都是正常的**。

不过，这么说并不代表我认为预测出来的数字是没有说服力或不具意义的。我只是想告诉大家，不仅有方法可以让你做出更准确的预测，也有一定的表示方式可以让别人更加容易地接受你的说法。

首先，如果你还在想，预测这种事情不外乎就是准确或不准确这两种结果的话，那我希望你从现在开始就改变这样的想法。

具体而言，在职场上之所以会做预测，**就是为了要避免出乎意料的状况**。

假设你的下属预测某个新项目第一个年度的营业额是 5 亿日元，而且这个金额极有可能是根据我前面提到的“乘法思考术”粗略算出来的。

不过，我相信大家应该知道，对于预测新项目的营业额这么重要的事情，绝对不可能只是粗略算算，明白大概是几位数的金额就好。

这种时候，你一定要有以下的疑问才行：

为什么有人能如此自信，单凭一个数字就想说明深不可测的未来？人的预测真的有可能准确到这个程度吗？

预测本来就是很不确定的，预留一定的范围，反而比较正常些。换句话说，进行预测时，应该要从现状去思考，考虑最好的状况下营业额会是多少；同时，在最坏的状况下，营业额又会是多少。

大家可以试着一起来思考以下这两个案例。

案例 1

市场状况不明确，无法掌握未来会怎样，不知道未来会是最好还是最坏的状况。

最好的状况：8 亿日元的可能性为 50%。

最坏的状况：2 亿日元的可能性为 50%。

实际的状况：8 亿日元 ×0.5 + 2 亿日元 ×0.5 = 5 亿日元。

案例 2

市场状况稳定，最好与最坏的状况变化不大。

最好的状况：6 亿日元的可能性 50%。

最坏的状况：4 亿日元的可能性 50%。

实际的状况：6 亿日元 ×0.5 + 4 亿日元 ×0.5 = 5 亿日元。

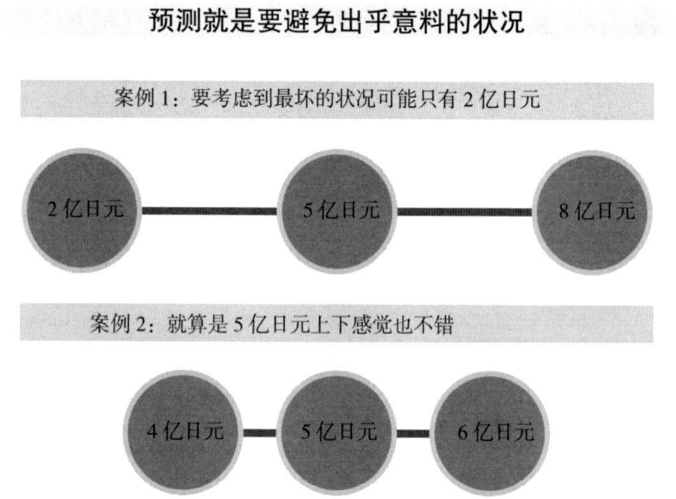

换言之，做评估时，一定要先计算出最好与最坏两个状况下的预测值，接着再拿这两个预测值的平均值，作为

现实状况的预测值。

案例 1 中，进展顺利的话，就是盆满钵满；相反，进展不顺的话，则可能会亏钱。案例 2 中，人们会觉得 5 亿日元这个预测值，接近现实状况的可能性还是很高的。由此可知，即使预测值都是 5 亿日元，各自代表的意义也截然不同。

而且，在职场上，事先用数字掌握这项计划到底潜藏着多少风险，以及在最坏的状况下，有可能会发生怎样的事情……明显远比“预测值是 5 亿日元”要重要许多。

数字感强的人深知这个道理。因此，面对这样的状况，多半不会做出太过精确的预测。

数字感强的人，会先预测出 3 种营业额。

只要事先能够想好，新项目的 5 亿日元在最坏的情况下，有可能会减少几亿日元，就能运用现有项目来进行风险管理，遇到紧急状况时，也能够迅速做出应对策略。

话虽如此，因为没有考虑出乎意料的状况，自然也就无法提出对策。

在职场上，一定会遇到比预期好或比预期差的状况。

因此，预测得过于精细的话，反而会欠缺说服力，倒不如预留一点空间，还有可能成为对工作有利的信息。

职场受到人与环境极大的影响，无法如学生时代的计算或数学公式般精确无误。只要懂得这个道理，你在表达预测数字时所用的方法，就会自然发生改变。

就这么简单！增强数字感的绝招

用 3 个数字让你的预测更具有说服力！

课程 16

数字感强的人，懂得允许合理范围内的误差

到目前为止，我们介绍了许多数字感强的人的思考方式。

不管是哪一个方式，通通都只需简单的计算或稍微动一下脑子就能充分理解，所以，在本章最后，我希望能深入讲一点跟数学有关的概念。

不过请放心，这里并不会看到什么艰涩难懂的理论或数学公式，只是让大家理解事情的本质。

那么，就让我们进入正题吧！

这次准备的题目，是对于营销策划部门等来说非常重要的工作，那就是：**市场调查**。

假设现在需要从东京的市民中，随机抽样来做调查，而且每完成一份问卷要花费 100 日元。

问题

假设某单位针对“你对于2020年即将在东京举办的奥运会是否充满期待呢？”等问题做了调查。

①抽样调查了100人后，有70%的人回答“是”。如果让全部东京市民都来做问卷的话，你估计会有百分之多少的人回答“是”？

②抽样调查了500人后，有70%的人回答“是”。如果让全部东京市民都来做问卷的话，你估计会有百分之多少的人回答“是”？

首先，先让我们来思考①的问题。

既然100人当中有70%都回答“是”，那么东京市民中，应该也会有70%的人回答“是”。

大家如果认真看过我前面的讲解的话，一定会觉得这个推论听起来有点怪。没错！各位应该会质疑，怎么能够单凭这么一个数字就轻易做出预测呢?

就像我之前讲过的，在做预测时，预留一定的范围是很正常的一件事，套用到这个案例中的话，何尝不是如此?

所以，我们就先假设答案为 60%~80%。

接下来则是针对②的问题来回答。

不用说也知道，这一题同样不可能斩钉截铁地回答“70%”这个数字。不过因为这次的抽样数较多，所以在做预测时，范围应该稍微再缩小一点。

我们就把它假设为 65%~75%。

假设到目前为止，这个凭借直觉的论点是正确的，那我们便可以这么说:

为了将预测值的范围缩小在 ±5%，将需要多花费 5 倍的费用。

如果需要做到只能容许 1% 的误差，那无论费用有多高，也得花这个钱。

而如果不是这种情况的话，多花 5 倍费用来缩小 ±5% 的误差结果，难道你不觉得浪费吗?

换句话说，**如果只需掌握大致方向就可以，预测值的范围可以大一点，抽样数自然也不用那么多。**

讲到这里，突然有个急需解决的问题涌上心头。那就是：

难道没有什么现成的公式，可以告诉我，**“如果能够允许的误差是这么多的话，那么抽样数只要是多少就够了”**吗？

这个问题从数学层面来解决后，得到了表 2–4。

表 2–4　抽样误差

回答比率									
抽样数	是 10% 否 90% 是 90% 否 10%	或	是 20% 否 80% 是 80% 否 20%	或	是 30% 否 70% 是 70% 否 30%	或	是 40% 否 60% 是 60% 否 40%	或	是 50% 否 50%
500	± 2.7%		± 3.6%		± 4.1%		± 4.4%		± 4.5%
200	± 4.2%		± 5.7%		± 6.5%		± 6.9%		± 7.1%
100	± 6.0%		± 8.0%		± 9.2%		± 9.8%		± 10.0%

这一张简表是从数学的角度出发，算出类似本案例中的抽样数与回答比率，会与实际状况产生多大的误差（在此只做部分的节录，事实上这个表格对于抽样数超过 500

的状况，也做出了误差的计算)。

因此，运用这一张简表，就解决了前面的问题。

答案

①如果用抽样数为100份的调查结果，回答“是”的人的比率是70%的话，实际状况就是70%±9.2%。换句话说，实际上回答“是”的人，应该就会有60.8%～79.2%。

②如果用抽样数为500份的调查的结果，回答“是”的人的比率是70%的话，实际状况就是70%±4.1%。换句话说，实际上回答“是”的人，应该就会有65.9%～74.1%。

大家觉得怎么样？是不是跟我预测的范围几乎相同呢？

另外，还有个数学上的前提要稍微补充一下。那就是，这个调查重复进行100次的话，可能会有5次的结果超出上述的预测范围。

简单来说，就是要告诉大家，不可能会有完美的预测。

刚刚不断提到的“范围”二字，在统计学上叫作“与实际状况之间的误差”。如果想要了解这部分的理论，必须去学习统计学才行。

不过本书不是统计学的解说书，所以比较专业的部分，就让给其他专业的书去做说明吧，我只希望你能够记住这里提到的概念就好。

数字感弱的人多半会认为：正因为正确数值得来不易，所以抽样份数自然是越多越好。

另外，数字感强的人则知道：想要掌握实际的状况，根本是不可能的事，所以，只要先确定这份预测究竟允许多大的误差，再据此去完成最基本的抽样份数就行了。

这两类人的想法完全是南辕北辙。

- 允许误差。
- 不会去追求根本不存在的正确答案。

希望你一定要有这个概念。

我在第二章的后半段，以“说服别人”为题，进行了4 项说明：

- 用数字来定义对方的“喜悦”。

- 用除法将数字转换成别人比较容易看懂的数字。
- 预测值不必精确，且可以允许误差。
- 如果这个误差又有数学上的依据，说服力更佳。

我相信应该没有人做不到上述几点，只要稍微改变一下思考方式，同时借助点数学理论的力量，你在沟通上就会更具说服力。

差不多是该为第二章做个总结的时候了。

前面针对数字感强的人，为了达到量化与说服别人等目的以及其共同思考模式，做了许多说明；而思考模式也就是思考方式这种东西，一旦你获得了，它就会成为你职业生涯中的秘密武器。

举例来说，如果你是个讲究逻辑的人，除非你自己否定这点，否则你终其一生都会是讲究逻辑的人。

我再重申一次。

连专家都在用的秘密武器，你已经到手了！

就这么简单！增强数字感的绝招

要对允许多大的误差有概念！

3. 不再受骗上当！

让你不再被“数字假象”误导的方法

希望你的人生
不再有所谓的“吃亏上当”

本书已进入后半段。

第二章的主题“思考”，可能会让大家觉得稍微有点严肃，因此，在第三章我希望能够改变风格，让各位读起来可以更轻松愉悦一些。

别被数字误导！

不知道大家有没有听过这样的说法：不管是走在街上，还是待在家中，数字总是会跟着电视与广播中的广告，不断地进入我们的眼睛或耳朵，而且全都是一些想尽办法要说服我们去消费的诱人数字。

每个人都希望自己能聪明一点，不要被这些数字误导而吃亏上当。

是不是轻易就会被别人刻意制造出来的诱人数字所误导，将是**决定你是否不会“吃亏上当”，稳稳当当地走完一生的一个重要关键。**

与其认为第三章跟职场有关，不如将它当作决定你能否聪明过一生的重要课题。

你是不是经常不小心就会被数字骗了？接下来，就让我来教教大家，如何应对 7 个常见的“数字假象”。

课程 17

千万别因为看到吸引人的数字就急着买单

人为什么会被数字假象误导呢？

这么问可能有点突然，但我们可以用简单的逻辑方式来探寻答案。

人之所以会被数字假象误导，是因为没有看穿其中的伎俩。那么又是为什么无法看穿其中的伎俩呢？答案自然是：**因为不知道该如何看穿其中的伎俩。**

因此，接下来将给各位传授一些看似简单，但很多人都不知道的破解招数。

换句话说，就是一些数字感强的人使用的绝招。

你喜欢折扣吗？

或许有人会因为反感人挤人，而拒绝去参加特卖会，不过我相信很少有人不喜欢折扣吧！

当卖场进行各种折扣甩卖时，到处都充斥着诱人的数字，让人这个也想要、那个也想买，忍不住拿了许多的东西，等到结账时，才惊觉怎么会这么贵？相信你或身边的亲友一定也有过类似的经历吧！

我跟各位分享一个我从某位男性朋友那边听来的故事！

最高五折出售！

一看到这张诱人的海报，他就立刻冲进了服装店。

店里人头攒动，受到气氛影响的他，也赶紧拿了夹克、针织衫、包，以及几样小东西，然后跑去柜台结账。

没想到，收款机上显示的金额居然高达 51 516 日元（含税）。而钱包里只有 5 万日元现金的他，只得减掉一些商品。我想，他之所以会这样，是被“五折出售”的字眼给冲昏头了！

事实上，我的朋友事后发现，这家店里真正打到对折的，都只是些袜子或 T 恤等低单价的商品。折扣后便宜最多的是那件 3 万日元的夹克，打了七折，可尽管打了折，从金额上来看，也不过才便宜了 9 000 日元而已。

从我的角度来看，我认为这是家最多可以便宜到 9 000 日元，而不是最高五折的店。

从这个角度切入，应该就会有很多人重新考虑要不要买了吧！

因此，如果我从别家店门口经过时，看到招牌上写着：

全部商品七折出售！

我的脑中一定会先闪过一个念头：这家店价格最高的商品是多少钱呢？

如果是 10 万日元的话，七折等于省下 3 万日元。这时我或许就会想：这是家可以便宜到 3 万日元的店啊！省下 3 万日元的话，等于可以多买两双鞋了！感觉还挺划算的！因此考虑要进店里看看。

简单来说，所谓的聪明购物，就是要懂得先将折扣换算成实际便宜的金额，再决定要不要购买。

诀窍，就只有一个。那就是：

要记得将“× 折出售”换算成金额。

聪明人懂得先将“× 折出售”换算成金额

吃亏上当者的思考方式

最高五折的店 ➡ 哇！这家店好棒

全部商品七折的店 ➡ 嗯！这家店很一般

精打细算者的思考方式

	售价最高的商品	最多节省的金额	
最高五折的店	30 000日元	9 000日元	➡ 嗯！这家店很一般
全部商品七折的店	100 000日元	30 000日元	➡ 哇！这家店好棒

实际上，我们并不是因为“× 折出售”的折扣率才想购买某件商品，而是因为便宜了“多少钱”才来决定购买的。

100 日元便宜 50 日元是五折。

1 万日元便宜 5 000 日元是五折。

1 亿日元便宜 5 000 万日元也是五折。

五折说起来简单，在各种状况下所代表的意义却完全不同。因此，“最高五折出售”等字眼，点燃不了我的兴趣。

就算有人告诉我说：“最高一折出售。”我也会回他一句：“所以呢？”

为什么我会这样？因为我早就识破“× 折出售”这种字眼，不过是在误导众人的耳目罢了。

就这么简单！增强数字感的绝招

记得将“× 折出售”换算成实际的金额！

课程 18

顾客满意度 90%，真有那么了不起吗？！

刚刚已经告诉过大家，所谓的“× 折出售”，其实是用来误导大家的标示方式。

这里，为了以防大家继续被折扣给要得团团转，请试着进行以下的练习。

那么，问题来了！

假设现在有科技系统开发公司 A，与专门负责网购化妆品的电话客服公司 B。

单凭想象的话，你认为哪家公司的女性员工占比会比较高？

我相信绝大多数的人应该都会觉得是 B 公司吧！因为化妆品这类字眼，会让人直接联想到是女性专用的商品，而且大家往往会认为电话客服多半也是女性，所以女性比例较高的应该是 B 公司。

那么，就让我们进入正题吧！

问题

前面所述的 A 公司与 B 公司，除了全职员工，也会聘请一些兼职员工。

其中，女性比例如表 3-1 所示。

表 3–1 A 公司与 B 公司的女性比例

	全职员工的女性比例	兼职员工的女性比例
A 公司	50%	75%
B 公司	40%	60%

那么，我们再来问一遍，你认为全体员工中，哪家公司的女性员工比例较高？

在这里，认为“不管是全职员工，还是兼职员工的女性比例，都是 A 公司比较高，因此，全体员工中女性员工比例较高的公司自然是 A 公司”的人，也就是在刚刚题目中回答 B，而到了这个问题上又换成是 A 的人。要特别注意了，这就是那种容易被折扣误导的人。

关于这个问题，正确答案应该是：仅凭这些数据，无法判断出哪一家公司的女性员工比例较高。

这究竟是怎么一回事呢?

因为，百分比本来就是由两个数字比较所构成的。

以这个例子来看:

女性比例（%）=（女性的人数 ÷ 全体员工数）× 100%。

反过来想的话，刻意突显比例，很明显是为了要隐藏“女性的人数”与“全体员工数”这两个数字。

事实上，关于这个问题，与 A 公司和 B 公司的全体员工人数有关，我们用稍微极端的例子来说明，如表 3-2 所示。

表 3-2　有关 A 公司与 B 公司女性员工的数据

		全职员工	兼职员工	全体员工
A 公司	总计（人）	1 000	20	1 020
	女性员工（人）	500	15	515
	女性比例（%）	50.0%	75.0%	50.5%
B 公司	总计（人）	50	1 500	1 550
	女性员工（人）	20	900	920
	女性比例（%）	40.0%	60.0%	59.4%

事实上，A 公司女性员工占全体员工数的比例是 50.5%。相较于 B 公司的 59.4%，明显是 B 公司的女性员工比例较高。

不管是全职员工还是兼职员工，明明都是 A 公司的女性占比较高，为什么反而将全职与兼职员工合计后，A 公司女性员工的占比反而比 B 公司低呢？

这种事绝对不会发生在“× 人”的具体数字上。不过，却会发生在“×%”的比例。因此，我才会说“比例”是一种奇特的东西。

那么，我们究竟怎么做才不会被这个奇特的东西误导呢？答案其实很简单。那就是：

了解这个百分比的分母是什么。

就只有这样而已。

比方说，如果我听到某人吹嘘：“我们家商品的顾客满意度高达 90%。”我也不会只因为这样就觉得有多了不起。

为什么会这么讲？因为我根本就不知道这个 90% 的分母到底是多少。

针对随机抽样调查后，所得到的 90%。

➡ 那确实是很厉害!

针对忠实顾客调查后，所得到的 90%。

➡ 这是理所当然的，我反而觉得怎么还会有 10% 的人回答“不满意”呢?

大家注意到了吗? 这个道理其实跟课程 17 最后讲到的那个“最高一折出售”几乎是一样的。

相信到这里，各位已经或多或少地都能掌握一些不被“%”这个数字误导的诀窍了。

就这么简单！增强数字感的绝招

对于“%”这个数字，在尚未掌握分母前，绝对不做任何判断。

课程 19

别被图表误导！数字感强的人会深究哪些地方？

虽然我在第二章曾经讲过，为了让别人更容易看懂，而进行的图表加工是值得肯定的行为，但为了误导别人而进行的图表加工，则不值得鼓励。

不过，我相信如果别人有心想说服你的话，一定会使出浑身解数，有时甚至会故意做一个图表来误导你。

因此，为了避免大家落入别人精心设计的圈套，我认为有必要跟大家说明一下图表的正确阅读方法。

问题

有人用以下这两张图表向你进行陈述，请用力找出你认为“并非如此的地方”，并深入探究这些点。

①为了要比较佐藤与田中在某件商品上的业绩表现，我特地将两人 7 月的业绩统一当成 100，再将

7 月到 9 月底的业绩增长状况做成图 3-1。大家应该可以看出来，佐藤显然比田中努力吧！

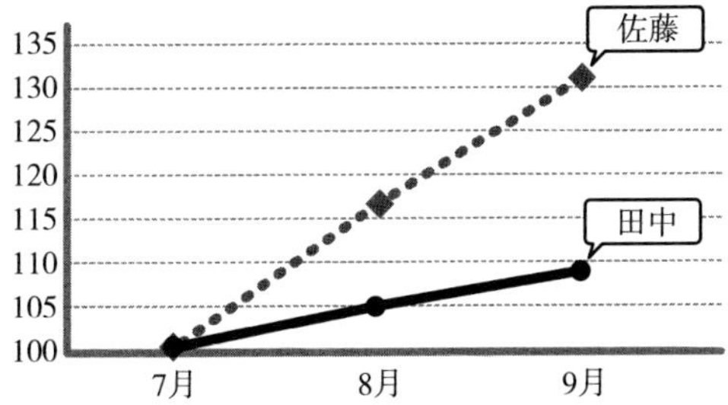

图 3-1 佐藤与田中的业绩比较

②跟去年相比，今年不良品的发生率，明显减少许多。由此可知，商品研发部门的工作取得了极大的进步（见图 3-2）。

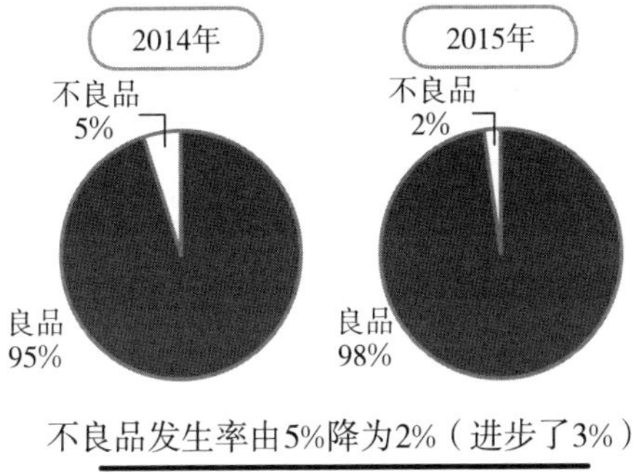

图 3-2 2014—2015 年不良品发生情况

接下来，各位要如何提出质疑呢？

首先来看看①，只要告诉大家两个人的实际业绩就好，为什么要大费周章先将业绩定为100，然后再依据相对的比率来评估两人的表现呢？真的有必要这样吗？感觉做图的人似乎有意想隐瞒什么。

另外，为什么要以7月为基准？难道6月不能当基准吗？如果以5月为基准的话，又会是怎样呢？关于这点，也让人感受到制作者的刻意之处。

事实上，当我们拿到这张图的原始资料时，发现基于4月以后的实际业绩，整理出来的应该是如图3–3和表3–3所示。

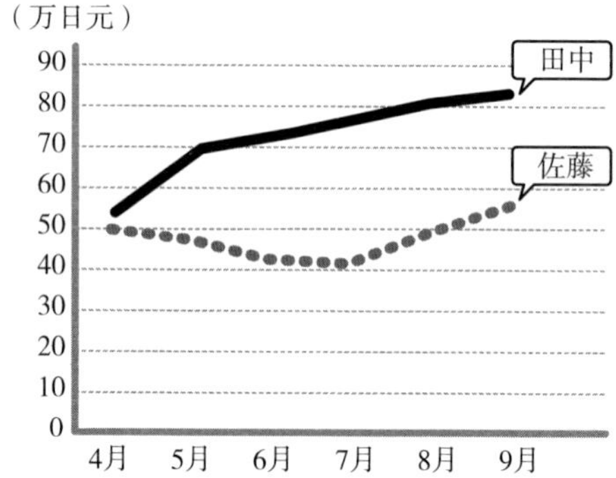

图3–3 佐藤与田中的业绩比较（以金额为基准）

表 3–3 佐藤与田中的业绩金额 （万日元）

	4 月	5 月	6 月	7 月	8 月	9 月
佐藤	50	47	43	42	49	55
田中	55	69	72	76	80	83

原来如此，如果是以 7 月为基准，按比例来评估双方的业绩，确实是佐藤看起来比较努力。

不过，如果看到这份原始数据，我相信大家一定会质疑“更努力拓展业绩的人是佐藤”这个结论。

另外，大家认为②怎样呢？

如果只看对方提供的这张图，确实会让人觉得这一年来不良品的发生率明显降低了。

话虽如此，减少的只是不良品的发生率（%），不代表不良品的发生总数也是减少的。

事实上，如表 3–4 和表 3–5 所示，原本在 2014 年从未出现不良品的商品 B，却在 2015 年时出现了 100 件不良品，还因此演变成极大的问题。

从这个角度来看，就会觉得“商品研发部门的工作取得了极大的进步”这句话，根本就不可信。

表 3-4　2014 年不良品发生率

	不良品	良品	
商品 A	50	900	
商品 B	0	50	
整体	50	950	1 000
		不良品发生率	5.00%

表 3-5　2015 年不良品发生率

	不良品	良品	
商品 A	10	5 000	
商品 B	100	390	
整体	110	5 390	5 500
		不良品发生率	2.00%

因为这个缘故，所以面对这两种状况，我一定会进一步要求对方：

①提供金额，而不是比率。

②提供不良品与良品的件数，而不是比率。

不管别人给我们看的到底是数字还是图表，到头来最该注意的重点就是“%”。

- 记得要好好掌握“%”的分母。
- 只给别人看“%”，等同于隐瞒了两个数字。

大家一定要先掌握好这两项重点，再来分析别人让你看的数字或图表。

如果做判断时，不小心落入别人精心设计好的圈套，对你而言，将会是莫大的损失。

就这么简单！增强数字感的绝招

遇到刻意隐藏分母的图表，记得要深入探究其原因。

课程 20

10% 的返点与 500 日元的优惠券，哪个比较划算？

有关“别被数字误导”的部分，既然大家都已经认清了“%”的本质，接着，就来看一些具体的例子。

在这里，要问大家 3 个非常简单的问题。

假设我们想要买一件定价 100 日元的 T 恤。请问 Q1~Q3 中分别是哪一个折扣方案比较划算？

Q1：九五折的店与九折的店。

Q2：5% 返点的店与 10% 返点的店（同样都是 1 点＝1 日元）。

Q3：九折的店与 10% 返点的店（后者 1 点＝1 日元）。

很明显，Q1 的答案是九折的店，而 Q2 则是 10% 返点的店。

Q3 则让大家比较头痛，不知究竟该选哪一种比较划算。为什么这个问题回答起来，会让人觉得特别困难呢？

因为，两者站在不同的“基础”上。

Q1 是在折扣率的基础上做比较，Q2 则在返点的基础上，同样是相同的基础。因此，自然能分出高低，知道哪一个比较划算。

不过，Q3 则完全不同。不知道基于哪个参照系来做比较，自然无法得知哪一个比较划算了。

那么，究竟该怎么做呢？答案很简单。

让两者都在同一基础上做比较。

在此，将为大家介绍一个数字感强的人经常会用到的思考方式。具体来说，就是通过算出实际折扣率，让两者在同一基础上做比较，来判断哪一个比较划算的思考方式。

答案

先用支付的价格除以实际得到的价值，接着再用 1 来减掉这个数值，就能掌握实际折扣率是多少了。

九折的状况

支付 900 日元，得到价值 1 000 日元的商品。

$$\frac{\text{支付的价格}}{\text{实际得到的价值}} = \frac{900}{1\ 000} = 0.90$$

由此可知，实际折扣率就是 1–0.90 = 0.10（即 10%）。

10% 返点的状况

支付 1 000 日元，获得价值 1 000 日元的商品和价值 100 日元的点数。

$$\frac{\text{支付的价格}}{\text{实际得到的价值}} = \frac{1\ 000}{1\ 100} = 0.909\cdots \approx 0.91$$

由此可知，实际折扣率就是 1–0.91 = 0.09（即 9%）。

综上所述，应该是实际折扣率较高的九折的这个方案较为优惠。

当你想判断到底哪一个折扣方案更优惠时，不管是返点，还是赠送优惠券，通通都可以算出实际折扣率，也就是运用数字来做判断。

只要你具备这样的思考方式，就算店家使用再吸引人的数字来误导你，你也不会任其摆布，从而做出理性的判断。

这里为大家准备了一个类似的题目，请务必来挑战一下！

问题

假设你手上有一张护肤品店给的500日元优惠券，且这张优惠券的有效期限就到今天。

这家店平常就会有5%返点（1点＝1日元）的促销活动，但只有明天是两倍返点回馈日。

如果用优惠券来购物，就不会有任何点数回馈。

如果你想去护肤品店买东西，到底是今天还是明天去比较划算呢？

废话不多说，我的想法是这样的。在护肤品店消费的金额，将会影响后续的判断。

答案

先假设消费的金额是X。

今天先用掉优惠券。

支付（X−500日元），就能得到X日元的商品。

$$\frac{\text{支付的价格}}{\text{实际得到的价值}} = \frac{(X-500)}{X}$$

$$\text{实际折扣率就是}1-\frac{(X-500)}{X} = \frac{500}{X}$$

明天再去参加点数加倍回馈的活动。

因为是两倍返点回馈日，所以实际返点将会是5%的2倍，也就是10%。就像我们刚刚算过的，这种情况下的实际折扣率等于0.09。

由此可知，用数学方式来表示两者是赚还是赔的分歧点，将会得到以下算式：

$$\frac{500}{X} = 0.09$$

之后，只要算出X究竟是多少就可以了。

$X = 500 \div 0.09 \approx 5\ 556$（小数点以后四舍五入）

简单来说，如果你在护肤品店消费小于5 556日元，那么，今天用优惠券去消费会比较划算；相反，如果你的消费金额超过这个数值，建议你等到明天去参加两倍返点回馈的活动，这样比较划算。

在此，将消费金额5 000日元~6 000日元这个区间，以100日元为单位，分别算出其实际折扣率，并整理成表3–6。

我相信大家会发现，消费金额越高，使用优惠券的实际折扣率就越低。相反，10%返点的实际折扣率则不受消费金额影响，维持一定的比率。

表3–6 实际折扣率的分水岭

	实际折扣率		
消费金额（日元）	500日元优惠券（%）	10%返点（%）	
5 000	10.0	9.1	
5 100	9.8	9.1	
5 200	9.6	9.1	
5 300	9.4	9.1	
5 400	9.3	9.1	
5 500	9.1	9.1	➡ 分水岭大概出现在这里
5 600	8.9	9.1	
5 700	8.8	9.1	
5 800	8.6	9.1	
5 900	8.5	9.1	
6 000	8.3	9.1	

前面我们一直在为各位介绍“%”这个符号要特别注意的地方，不过，只要大家懂得好好运用“在相同的基础上”的思考方式，它就会成为你的一个方便且强有力的武器。

只要你懂得比较两个“吸引人的数字”，并且从中做出正确的选择，那就代表你已经是数字高手中的一员了。

就这么简单！增强数字感的绝招

实际折扣率＝1－（支付的价格÷获得的价值）

课程 21

数字感强的人会因为“有需要”，而不是“很划算”而购买

除了“%”，还有好几种形式的“吸引人的数字”。其中一个形式就是，用数字来告诉你有多经济实惠。

给大家讲一个我身边的例子。

某天，我在家附近的超市买东西。

在店内突然看到一个特卖广告写着：“限时抢购！ 20根香蕉只要1 000日元！平均1根只要50日元！”

因为香蕉是我最爱吃的水果之一，所以我的目光不知不觉就停留在这个广告牌上。

香蕉20根：1 000日元 ➡ 1 000 ÷ 20 = 50日元/根。

相较之下，我常去买的水果摊则是跟往常一样，以

300 日元的价格（但只有 5 根）售卖。

香蕉 5 根：300 日元 ➡ 300 ÷ 5 ＝ 60 日元 / 根。

如果是从平均 1 根香蕉的价格，也就是“以更经济实惠的方式，买到更多的香蕉”的角度来思考，我相信绝大多数的人，都会选择买 20 根香蕉。

话虽如此，我却毫不犹豫地买了 300 日元（5 根）的香蕉。

为什么我会这么做呢？相信大家必然都了然于心吧！

因为，我一个人根本吃不了这么多香蕉。

从一般状况来看，要吃完 20 根香蕉，大概要花上两三个星期吧！再加上香蕉又是容易烂掉的水果，一次买 20 根香蕉，到最后应该有很多没吃完被丢掉。因此觉得一下子买 20 根香蕉会是一种损失。

所以我一次只要买 5 根就够了，如果吃完后还想吃的话，再去买新鲜的不就得了。

另外，还有一个类似的例子就是我们在课程 14 中提过的，跟可可粉有关的例子。

大容量 200 袋装（40 袋 ×5）。
4 104 日元（含税）。
到 11 月底为止！

然后，印在宣传单上，那个充满说服力的数字则是：

每袋相当于只要 19 日元（不含税）。

每袋 19 日元，听起来确实便宜到令人心动。

不过，对于完全没吃过这款可可粉的我来说，心里是这么想的：

“我连这款可可粉尝起来怎么样都还不知道，真的有必要买 200 袋吗？”

很多时候，我都会依据自己是否有需要来决定购买，而不是因为比较经济实惠或比较省事等因素而购买。

在第二章中，我们从想说服他人的角度，论述过这一点，但在这里是完全相反的概念。我希望大家千万不要被那些想用“除法”来误导你的人给骗了，而做出有损于己的选择。

还有，这个技巧除了能运用到日常生活中，在职场上也有它的重要性。

“多进一点货，价格确实会比较便宜，但有必要让自己积压这么多的库存吗？”

“雇兼职员工，从人力成本来看确实会比较省，但这家店真的有雇兼职员工的必要吗？”

“虽然每件抽样所需支出的费用不高，但这种程度的调查，真有必要找那么多人来做问卷吗？”

……

我相信不管是现在还是任何时候，整个日本乃至全世界，都充斥着这样的数字“骗术”。

数字感强的人不太容易吃亏上当，因为这些人懂得从自己是否需要，而非它很划算的角度来看问题。

而且，不被这些好看的数字误导的秘诀，就只有一点，那便是：

要懂得追问自己，“我真的需要吗？”

讲个题外话，因为这种性格，所以到目前为止，我没买过福袋[①]。

我总认为，与其花钱去买里面包了10件流行衣物的万元福袋，倒不如买件定价1万日元，自己的确有需要且能穿上很多年的毛衣，反倒比较实用。

最重要的是，我老是忍不住会想：现在的我，真的需要买10件衣服吗？

因此，我自始至终都跟许多人一样，是福袋的绝缘体，认为只需把它当成过年时的一项活动就好了。

就这么简单！增强数字感的绝招

不想吃亏上当的诀窍就是，要从是否需要而非经济实惠的角度去判断！

① 福袋：日本的商家在新年前后，将多件商品装入布袋或纸盒中，进行搭配销售，这种袋子或纸盒就称为“福袋”。——编者注

课程 22

看穿充斥在我们四周的那些被刻意放大的数字

那些用来说服你的诱人数字，都是别人经过不断地测试后，精挑细选出来的。换言之，就是刻意放大的东西。

我要表达的是，不管在日常生活中还是职场上，当你发现有人想说服你时，记得要从**“这个数字到底是从何而来？”**的角度去思考。

举个具体的例子与大家分享。

某天我乘地铁时，目光突然被车窗上刊登的招聘广告所吸引。

> A 网站：
>
> 找工作时会想用到的网站 No.1.

这对有意向换工作的人来说，应该没有比“No.1”更有说服力的数字了吧！

A网站提供的服务确实不错，不过，如果你是想找工作，有必要去了解一下“No.1”的真相。

这个数字究竟从何而来呢？

请记得要站在这样的角度来思考！很多时候，答案会被厂商用批注的方式，标在海报或页面的某个角落。

对数字特别敏感的我，第二天上网确认后发现，针对这个调查报告，广告方在网站中公开了以下信息：

调查对象：20~39岁，现居东京、名古屋、大阪的男女，且了解招聘服务网站，并有工作经验者。

我在读到这段文字后，心里不禁开始疑惑：为什么只限定东京、名古屋和大阪呢？如果针对全国来做调查的话，不是更有说服力吗？

还有，为什么只是20~39岁？年龄范围越广，做出来的调查不是更有说服力吗？

最后，甚至还限定受访者必须是了解招聘服务网站且有工作经验的人才行。由此可知，这个“No.1”的调查结果，分明是在刻意限定抽样对象的情况下所得出的。

事实上，这家招聘服务网站的竞争对手，几乎也在同一时间推出以下宣传文案，来吸引有意找工作的人。

B 网站：

工作保证 No.1.

然后，在作为依据的调查概况中，公开了以下信息：

调查对象：现居日本的 20~59 岁男女。

有一点要先声明，请大家不要误会，我这么说并不是在嫌弃 A 网站的招聘广告，当然，也绝对没有认为 B 网站更值得推荐。

这里要让大家明白的是，两家公司宣传广告的操作方式，都非常正确。

正因为如此，我才会希望大家能够不被这些“刻意制作出来的表面数字”误导，在了解各家服务的长处之后，根据自己的判断，找到适合自己的服务。

最后，我要向大家介绍一个有效看穿这些“被刻意制作出来的数字”的自我训练方法。

每个人总会接触许多的广告，请大家务必去探究，这些广告中登载的诱人数字，究竟是从何而来？

方法极为简单。就是要大家仔细去阅读批注，以及那些被写得很小的文字。

比方说，图 3–4 是某家世界级化妆品品牌商放在店里的广告牌。

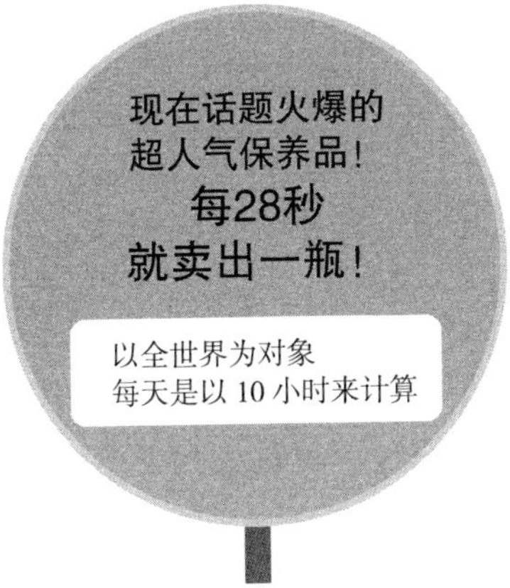

图 3–4　某品牌化妆品的广告牌

请大家千万不要因为看了这则广告，就认为这个商品在日本也是每 28 秒就卖出一瓶！

我在看到“每 28 秒就卖出一瓶！”宣传语的下一刻，就会去确认那些被写在这个广告牌上最下方的批注。

出人意料地，下方写着两条极为重要的信息。

- 以全世界为对象。
- 每天是以 10 小时来计算。

没错，这点跟你原本的认知，是不是完全不同呢？

特别是第二点，更是让人觉得好笑。

数字感强的人

会去深究这个数字是从何而来的。

数字感弱的人

仅看一个数字就信以为真。

在绝大多数的情况下，用来说服别人的数字，都不是真实的；反而是那些小到不能再小的批注，才具有真实性。

就这么简单！增强数字感的绝招

数字的真相，就在那些被写得小小的批注中！

课程23

瞬间揭穿！那些让小数字看起来很大的骗术

数字假象或许会让人觉得这样的表现方式有点夸张，不过只要懂得在某些小地方多留意，你就不会再随随便便被数字骗了。

在第三章的最后，我想跟大家谈谈数字假象的本质。

事实上，所谓的数字假象，其实可以简化成以下两行文字：

- 让小的数字看起来大一点。
- 让大的数字看起来小一点。

不管是跳楼大甩卖商家的标记方式、卖香蕉的超市、可可粉的邮购商、某知名招聘网站，还是化妆品广告牌，用的不外乎是上述两行字的技巧。

因此，只要你掌握这两行字的技巧，就绝对不会再被数字的假象蒙蔽。

关于如何让小（大）的数字看起来大（小）一点儿的技巧，事实上，到目前为止，还有一个重点没有讲到。

虽然这个重点再简单不过了，但对数字感强的人来说，却是重中之重。那就是：

记得要做“单位”的转换。

比如，1 000（万日元）这个金额。如果你想让它尽可能看起来小一点的话，你会选择以下哪一个标示方式呢？

1 000（万日元）= 0.1（亿日元）= 0.000 01（兆日元）

（金额感觉比较大←——→金额感觉比较小）

我相信大家可能从来没有这么想过吧！

既然 1 000（万日元）这个金额本身不能动，如果想要改变别人的感觉，就只能通过单位的转换来调整了。

或许你没有意识到，其实人不管在说话还是看东西时，绝对是数字搭配单位一起看或听的。

仅是 100 这个数字，没有人会知道到底是什么，但只要帮它加上个“单位”，数字所代表的意思就会变得很清楚。

反过来看的话，你就会发现，比起“数字”，其实它旁边的“单位”更重要。看错单位，就代表你被数字误导了。

如果不想被数字骗了，请记得先看“单位”，再看数字。

关于这一点，典型的例子就是以下赫赫有名的标记方式，这也是不少营养补给饮料惯用的手法。

牛磺酸 1 000（mg）＝牛磺酸 1（g）

（感觉很多←——→感觉很少）

转换单位的话，哪怕是再小的数字，都能让它看起来比较大。既然如此，只要懂得正确掌握单位，就绝对不可能被数字愚弄。

讲点题外话，其实以下这个事例，也是通过单位的巧妙转换，来让原本偏小的数字，看起来更大。

柠檬 1（颗）＝维生素 C 20（mg）

（感觉比较多←——→感觉比较少）

据说在清凉饮品业界，普遍将 1 颗柠檬所含的维生素 C 定义为 20mg，并以此来做参照。

所谓的 20mg，重量不过跟 1 颗感冒胶囊差不多。因此，如果说含有 20mg 的维生素 C，大家可能会觉得很低；相反，如果强调是 1 颗柠檬的分量，大家就会把它想象成有一整颗酸溜溜的柠檬那么多，自然会觉得维生素 C 的含量很高。

因此，我才会希望大家不要被直觉或数字误导，而要在正确的认识下，来补充维生素 C 的含量。

又到了该做总结的时候了。

在第三章中，为了不让各位读者被数字误导而蒙受莫大的损失，特别将我个人想到的数字假象与应对方式，与大家分享。

我相信在未来的人生中，你一定还会遇到许多人想尽办法利用数字的假象，来说服你。

希望大家能不被诱人的数字误导，从而做出正确的判断。

就这么简单！增强数字感的绝招

不想被数字误导的话，记得先看“单位”，再看数字！

4. 看穿真相！

解读数字背后含义的技巧

做能够解读出数字背后含义的职场人士

在第三章中，我们针对该如何“不被数字迷惑”做了说明，但在这个世界上充满了许许多多的数字，这些数字绝非全都是用来骗人的，单纯用来表达事实的才是大多数。

正因为如此，所以大家都少不了某项能力。

举例来说，当你看到报纸的标题写着“平成二十五年[①]，每户（不含独居者）的平均储蓄额是1 739万日元”时，你的心里是何感想呢？

看到这个数字后，有些人只是一声“喔！原来如此啊！”，与努力想解读出隐藏在这个数字背后真相的人相比，不用说也知道谁更优秀了。

---

① 平成二十五年即2013年。——编者注

在最后的一个章节，我想要跟各位分享的就是：你想要成为一个有能力解读出数字背后含义的人吗？

在这个信息爆炸的大数据时代，只要是你想得到的数据资料，全都不费吹灰之力就能轻松获得。

正因为如此，所以你需要具备正确解读数字，以及探究隐藏在数字背后真正含义的能力。

能够解读出数字背后含义的职场人士，就会更有优势！

课程 24

只需改变看事情的角度，就能获得解读数字的基本能力

你是否懂得该如何解读数字呢？

绝大多数的人都不知道，“看数字”与“读数字”其实是完全不同的概念。

看数字：只是掌握事实，换句话说，就只是看而已。

读数字：看完数字后会去思考，这些数字究竟想表达什么。

以前面提到的那个“平成二十五年，每户（不含独居者）的平均储蓄额是 1 739 万日元”的报纸标题为例，看数字的人，看完会想：“喔！原来如此。大家真的都很会存钱！”然后就结束了。

而读数字的人则会去思考：“虽然平均金额高达 1 739 万

日元，但我不认为大家都能存这么多的钱。恐怕是某些少数人存得特别多，或有人存得很多、有人存得很少吧！感觉贫富差距真的越来越大了！”

之后，他会关注过去几年的平均储蓄额是多少，甚至借此观察出这些年来贫富差距状况的变化。

话虽如此，在培训课堂上，就算我不断要求大家读数字而非看数字，绝大多数的人还是似懂非懂，不知道究竟该怎么做。

因为，这些数字看是看了，但大脑就是不知该如何运转。

针对有这些困扰的人，我将提供一个非常简单的诀窍供大家参考：别只会漫无目的地看数字，而要**站在想找出变化与问题的角度去读数字。**

在此，我特别准备了几个与解读公司数据有关的问题，请大家务必要挑战看看。

听到公司的数据，应该有不少人会立刻联想到 IS（Income Statement，利润表）或 BS（Balance Sheet，资产负债表）吧！针对这些数字的解读，市面上有许多专业书在做介绍，所以我将从稍微有些不同的角度切入，让大家实际感受一下究竟什么叫作“读数字”。

问题

表 4-1、表 4-2、表 4-3 中的数据，是由负责东京迪士尼乐园运营的日本东方乐园公司（The Oriental Land Company）的年度数据中提取出来的。

通过这些数字，可以解读出有关这家公司的哪些状况呢？

表 4–1　日本东方乐园公司年度数据　（万日元）

	2011 年	2012 年	2013 年	2014 年
总营业额	360 060	395 526	473 572	466 291
毛利润	66 923	81 467	114 491	110 605
净利润	32 113	51 484	70 571	72 063
总资产	383 084	432 262	493 697	564 129
股东资本	383 548	426 309	487 332	546 966
附息债务	149 580	124 020	58 447	57 841

表 4–2 日本东方乐园公司年度数据 2

	2011 年	2012 年	2013 年	2014 年
毛利率	18.59%	20.60%	24.18%	23.72%
资产周转率	0.94	0.92	0.96	0.83
净资产收益率（ROE）	8.37%	12.08%	14.48%	13.18%
负债率	39.05%	28.69%	11.84%	10.25%

表 4–3 计算公式

指标	计算公式	说明
毛利率	毛利润 ÷ 总营业额	获利比例有多高?
资产周转率（次 / 年）	总营业额 ÷ 总资产	总资产是否获得有效的运用（总资产每年被使用到多少次？）
净资产收益率（ROE）	净利润 ÷ 平均股东权益	运用股东所投资的金额，可以产生多少利益?
负债率	总负债 ÷ 总资产	相对于总资产，总负债（贷款）的比例究竟有多高?

突然间出现许多数字与专业术语，或许会让大家觉得倍感压力，不过如果只是漫无目的地看，不仅会越看眼越花，无法得到任何结论，而且还会徒增压力。

请大家根据刚刚我讲的，用“找出变化与问题”的意识，先读完这些数字。至于专业术语的意义，则留在之后确认就可以了。

这么做的话，我相信你有办法说出这家公司的大概情况。比如，以下这几点：

答案

①这是家在获利、绩效与生产力方面，都稳定增长的公司。

②不过，自2014年起，上述数据跟去年相比，却只是持平甚至更差。未来可能很难再有过去的业绩，而且，依据2015年的数据，公司似乎也出现了许多亟待改进的地方。

③另外，粗略来说，这家公司也逐渐转变成不依赖贷款来运营的公司。

④特别是在2013年时，负债的骤减更是好事。

据推测，有可能是此时在公司欠债或借款方面，出现了巨大的变化所造成的。

①是从数字变化中，得到的情报。②表示原本持续上扬的数字，突然在一个时间点开始减少，换言之，就是出现问题。③是表明一种倾向。④则表现出骤减，换句话说，就是出现问题。

数字是能够表现大小的唯一方式。因此，从结果来看，想要解读数字，基本上就是要能掌握“增加或减少”。只要能够确实掌握“增加中或减少中”等变化，以及“急剧增加或急剧减少”“只有这里增加或只有这里减少”等问题就够了。

这些重要的观点，是不管你看到怎样的数据，都能够套用得上的。

不过，如果你必须浏览相当庞大的数据，那真的会很消耗时间。

因此，我将在下一个课程中，跟大家说明数字感强的人，在这种时候都会做些什么。

就这么简单！增强数字感的绝招

解读数字的基本原则就是找出变化与问题。

课程25

具备快速解读数字能力的人，第一步会做的事

就像我刚刚告诉大家的，解读数字的基本原则，就是要找出变化与问题。

话虽如此，对于数字感弱的人来说，要他持续浏览一连串的数字，一定会不开心。在前面看日本东方乐园公司的年度报表时，如果你也觉得倍感压力的话，那你很有可能是数字感弱中的一员。

那么，难道没有什么好方法，可以让人在轻松没有压力的状况下，找出变化与问题吗？

事实上，确实有一个任谁都做得到的方法，一个简单到让你觉得一点挑战性都没有的方法。

第一步，就是要先做曲线图。

就只是这样而已。

比如，假设你想从以下的数据中，试着找出变化与问题。

问题

表 4－4 是知名服饰品牌优衣库（UNIQLO）各事业部的业绩（2010 年 8 月—2014 年 8 月），从中你看出了什么呢？

表 4–4　优衣库全球营业数据　（亿日元）

		2010 年 8 月	2011 年 8 月	2012 年 8 月	2013 年 8 月	2014 年 8 月
日本优衣库事业部	总营业额	6 151	6 001	6 200	6 833	7 156
	毛利润	1 277	1 062	1 023	968	1 106
海外优衣库事业部	总营业额	727	937	1 531	2 511	4 136
	毛利润	63	89	109	183	347
网络优衣库事业部	总营业额	1 252	1 240	1 530	2 062	2 512
	毛利润	78	87	145	174	163

就连我看到这张表格，也会觉得要解读这些数字很难，且倍感压力。

为什么我会这么讲？因为看过第一行的“日本优衣库事业部”的总营业额后，还要接着读下一列的毛利润数字，以及下面各行的数字；换言之，就是在思考的同时，眼光还得跟着数字到处移动。

因此，第一步就是请大家什么都别想，先把这些数字整理成曲线图再说。

曲线图只是用来让自己更方便进行数字解读罢了，并不是做给别人看的，所以完全不用考虑做得漂不漂亮，反正诀窍就是什么都不用想，先试着做成曲线图再说（见图 4–1）。

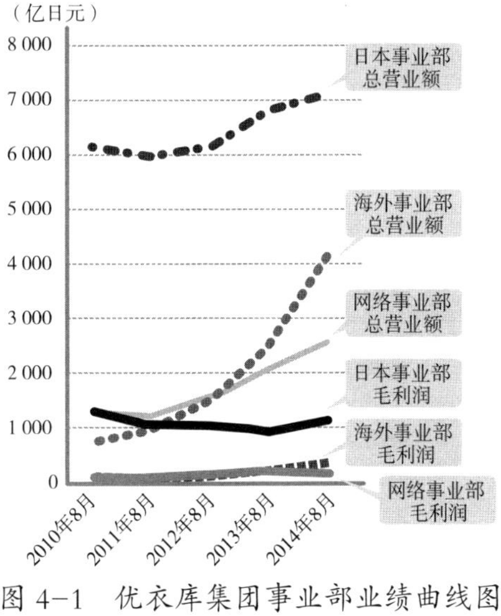

图 4–1 优衣库集团事业部业绩曲线图（2010 年 8 月—2014 年 8 月）

大家觉得如何呢？利用曲线图找出“变化”与“问题”，是不是瞬间使这项工作变得简单许多？

不管是日本事业部、海外事业部，还是网络事业部，总营业额全都呈现向上攀升的趋势。

不过，日本事业部的毛利润，在增长上一直不见起色，也是一目了然。总营业额不断攀升，毛利润却处于停滞状况的日本事业部，正是所谓的“问题”。据此推测，应该是有什么经营上的课题需要被解决。

像这样，当数据过于庞大的时候，建议大家可以先将数字做成曲线图，再发现变化与问题。

对图表的解读，也是数字解读的一种。如果只需要花点功夫，就能让数字解读更轻松，那还有什么理由不做呢？

顺便一提，这种方式并不是只有我在实行。

事实上，在培训课堂上，每次只要碰到需要用 Excel 表格的课程，数字感强的人，就会立刻将 Excel 表格转换成曲线图。

相反，数字感弱的人，要么是迷茫地望着 Excel 表格中列出的各项数据，要么就是将数字做些简单加工而已。做完这些不知所谓的加工后，结果还是一样，只会望着表格上排列的数字，喃喃自语：“嗯……”

不用说也知道，能够快速解读这些数字的人，自然是前者。

这一点，也是数字感强与数字感弱的人之间的差距。

第二章中提到的图表，目的是为了让别人更容易看懂你提出的数字而特别制作。

不过，图表这种东西，并不是只有在你想传递什么信息时才能派上用场，而是你想让自己更快解读出数字含义时也很好用，请大家务必从明天起，开始实践看看。

就这么简单！增强数字感的绝招

工作能力强的人，懂得先将数字图表化，再来解读它！

课程 26

3 个能够解读出数字背后含义的关键词

介绍完阅读数字的基本原则后，接下来，就要跟各位分享该如何解读出潜藏在数字背后的含义。

从结论来说，诀窍就在于，解读文字的同时，要运用 3 个关键词。

大家可能会觉得匪夷所思：现在讲的主题明明是数字，为什么诀窍会是关键词呢？具体而言，诀窍就是在进行数字解读时，也要同时运用到以下 3 个关键词。

- 定义为何？
- 另一方面。
- 想得极端一点儿。

为什么我会这么讲？因为现在你必须解读的是潜藏在

数字背后的含义，自然不能用一般人的思考方式。

换句话说，**你的思考必须要脱离常规才行**。为此，才会要大家运用这 3 个关键词，来提升自己的能力。

在此，准备了几个实例。请大家运用这 3 个关键词，来解读数字背后的真相。

同时，我也在其中加进了一些会误导大家朝错误方向去解读的文字。

案例 1

目前日本青少年犯罪人数，据说仅一年就高达 90 413 人。

这一点应该跟电子游戏与智能手机普及率的提高脱不了关系，将来这个数字恐怕还会更高。

我们近年来经常听到有关青少年犯罪的新闻，话虽如此，但是青少年犯罪的**定义**究竟是什么呢？没错，就是青少年时期犯罪了。在这个老龄化上升与生育率下降的时代，青少年犯罪数量要想增加，可能会有点困难。

实际上，也有别的数据显示，青少年犯罪人数正在持续减少中。

掌握“定义为何”，目的就是要让大家能够摒除先入为主的观念（见图 4-2）。

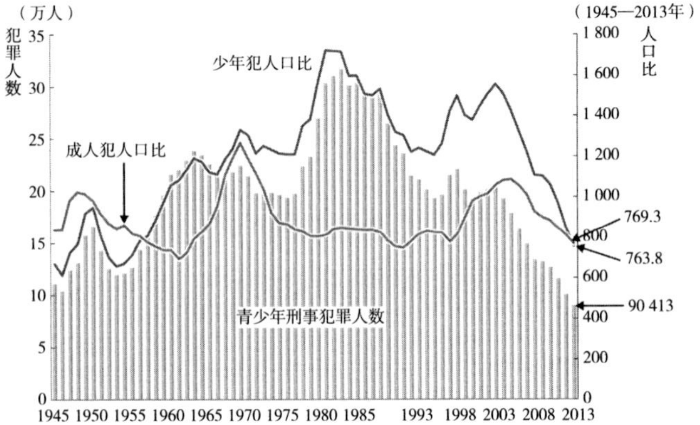

图 4-2　青少年刑事犯罪人数变化与少年犯人口比

注：

1. 依日本警察厅的统计、警察厅交通局的资料，及总务省统计局的人口资料所做。

2. 依犯罪时的年龄所做。如逮捕时年龄已超过 20 岁，则按成人计。

3. 包含受辅导的犯法儿童在内。

4. 有关（1）的部分，将 1970 年后，因驾驶车辆而触犯过失致死或致残等罪名的少年排除在外。

5. “少年犯人口比”与“成人犯人口比”，分别是指每 10 万人中，10 岁以上少年与成人，因刑事犯罪而遭逮捕的人数。

资料来源：2014 年版犯罪白皮书概要，http://www. moj.go.jp/centent/00128569.pdf。

案例 2

日本的恩格尔系数逐年增加。参考数据显示，2005 年只有 21.5%，到了 2014 年就攀升到 22.3%。

由此可知，日本人在饮食方面，有越来越奢侈的倾向。

注：恩格尔系数＝饮食费用占家庭消费支出的比例。

资料来源：日本总务省统计局的家庭调查“家庭收支篇”，http://www.stat.go.jp/data/kakei/。

恩格尔系数的**定义**，到底是什么？

恩格尔系数（%）= 饮食费用占家庭消费支出的比例。

我相信大家恐怕对这个恩格尔系数的关注点，都放在“%”上吧！

有些人的看法是，恩格尔系数之所以会上升，是因为日本人的饮食费用增加了。

话虽如此，在当今社会，为了多省点钱而选择在家吃饭的人逐年增加，那以上的说法，还有可能是真的吗？

另一方面，我相信一定也会有人认为，这个百分比之所以会上升，是因为消费支出减少。换个方式来说，就是不消费的日本人数变多了。

老年人绝大多数都是靠着退休金生活，因此消费支出变少，饮食费用所占的比例自然会看起来比较高。换言之，通过这个数字也可以看出日本老龄化的状况。

“另一方面”这个关键词，是在引导你从其他角度去思考。

案例 3

某个偶像团体的演唱会，仅是一场，其经济效益就高达 1 亿日元。

真是太惊人了！

我们或许可以先将这个数字，当作是“这个偶像团体，仅一场演唱会就能赚进 1 亿日元”。

如此一来，举办这场演唱会，就有可能创造出 1 亿日元的收益。

不过，**从另一方面来看**，举办这场演唱会，难道不会造成任何经济上的损失吗？比方说，如果粉丝们在演唱会后留下许多垃圾未带走，是不是要花时间与金钱请人来处理干净呢？

还有，我们也可以从其他角度来思考看看。

比方说，**想得极端一点儿**，如果这个偶像团体每天都举办一场演唱会，一年下来，照理说应该能够赚到 365 亿日元！

假设不以这个偶像团体为限，只要有人来办活动，就必然会有它的经济效益，那么**想得极端一点儿**，是不是代表，整个日本不管是谁都好，只要有越来越多的人来办活动，经济就会跟着越变越好呢？大家应该都知道，这是不可能的事，因为在某个部分，一定会有负面效果存在。

换言之，经济效益这个数字，是在极为“暧昧”的前提下概算出来，未加上负面效果的数字。这样的数字应该称不上真相吧！

“试着想极端一点儿”这个关键词，是帮助大家看清楚事物的本质。

像这样，为了解读出背后的含义，你必须要拓展自己的思路，让自己将看事情的焦点转移到会被众人忽略的地方。

看到这里，大家是不是比较能够接受，想要解读数字背后的含义，诀窍就在于要运用 3 个“关键词”这样的说法了呢？

解读数字背后含义的 3 个关键词：

“定义为何？”

➡ 排除先入为主的观念。

“另一方面”

➡ 引导我们从其他角度去思考。

“想得极端一点儿”

➡ 帮助大家看清事物的本质。

这些关键词，将是接下来用来协助说明论述的重点。请大家在阅读时，务必要注意这 3 个关键词！

就这么简单！增强数字感的绝招

想要解读数字背后的含义，记得要使用 3 个关键词！

课程27

“看过广告的人有近80%都买了”这句话该怎么看?

接着，就让我们再来进行几个与解读数字背后含义有关的练习。

这种事大家可能都不想碰到，但我们在这里先假设，你因为疑似罹患了某种罕见重症，而必须接受全面的身体检查，而且根据这项检查，有99%罹患这个疾病的人都出现了阳性反应。

如果你的检查结果也是呈阳性，你会作何感想呢？认为“那当然会觉得很绝望”的人，明显没有真正理解99%这个数字背后的含义，请务必认真看下去。

不过，这样的例子确实会让人心情越来越糟，所以在此想先为大家换个重点相同，但内容不同的例子。

假设这个问题是，某邮购事业的营销策划负责人，正在进行有关直销广告（Direct Market Advertising）的简报。

请大家在思考问题时，记得将刚刚提到的那些用来解读数字背后含义的关键词一并列入考虑。

问题

目前本公司邮购事业的状况是，看过直销广告的人中，实际上有 80% 都买了本公司的商品。

直销广告果然是销售中不可或缺的利器。

对于这样的说法，你的见解如何呢？

①80% 这个数字确实惊人，我很赞同对方的说法。

②感觉要做出这样的结论，好像还少了点根据。

大家觉得如何呢？

如果是我的话，答案会是②。理由可能有点冗长，接下来就跟大家详细说明。

首先，这个 80% 的**定义**是“看过直销广告后，实际购买的人数比例”，充其量不过是“看过直销广告的人”而已。

另一方面，“没看过直销广告的人”又是如何呢？不将两个数字放在一起做比较的话，根本无法判断这个说法是否正确。

比如，如果是表 4–5 显示的数字，会怎样呢？或许会因为“直销广告的有无，根本对购买率没有产生太大的影响”，而且得到完全相反的评价。

表 4–5　直销广告对购买的影响力

	买了	没买	总计
看过直销广告的人	80%	20%	100%
没看过直销广告的人	85%	15%	100%

我们可以试着从其他角度再来看这个问题。换句话说，就是**把它想得极端一点儿**。

假设看过直销广告的人只有 1 位，而这个人也确实买了商品。

另一方面，没看过直销广告的人则多达 1 万人，且其中有 5 000 人购买了商品。

如果有人因此主张说：“看过直销广告的人 100% 都

购买了本公司的商品”，你难道不觉得很可笑吗？

看过直销广告的人100%都购买了本公司的商品，事实上却如表4–6所示。

表4–6　直销广告与购买人数的假设

	买了	没买	总计
看过直销广告的人	1人	0人	1人
没看过直销广告的人	5 000人	5 000人	10 000人

简单来说，在简报中有关直销广告的说法，感觉就跟“针对逃学的100名学生所做的调查结果显示，其中有80人都爱用智能手机玩游戏。所以游戏对教育来说，确实有不良影响”是一样的。

但事实上，在学校规规矩矩上课的学生，应该也会偶尔用智能手机玩游戏。

如果举更极端的例子，让大家明白到底是怎么一回事的话，那就跟“日本的犯人中，有100%的人平常都会喝水，由此可知，水是犯罪的源头”是一样的。

诸如此类，就算做简报的人没有恶意，但还是经常看到某些人漏掉了**与“不是这么一回事”有关的数字**。

最后，让我们回过头来说一下一开始提到的“重症”。

假设这是个 100 万人中只有 1 人会得的罕见疾病，且通过这项检查，未罹患这个罕见疾病却呈现阳性反应的人，共占了 5%。简单来说，就是将觉得**“不是这么一回事”**的人也纳入考虑。

罹患该重症的人：1（人）×0.99 = 0.99（人）。

未罹患该重症的人：999 999（人）×0.05 = 49 999.95（人）。

合计：0.99 + 49 999.95 = 50 000.94（人）。

由此可知，在检验结果呈阳性反应的 5 万人中，实际上只有 1 人真的罹患了该“重症”。这便是真相。

因此，根本不必因为检验结果呈阳性反应，就感到绝望。（见表 4–7）

表 4–7　该重症与检查结果有关的数据　（人）

	阳性	阴性	
罹患该重症的人	0.99	0.01	1
未罹患该重症的人	49 999.95	94 999.05	999 999
	50 000.94	94 999.06	1 000 000

就这么简单！增强数字感的绝招

养成习惯，找出“不是这么一回事”的数字！

课程 28

数字感强的人，知道所谓的“绝对评价”并非绝对

假设你是学校的老师。

浅野同学在平均分数 80 分的英文测验中，考了满分 100 分（偏差值 64），而山田同学在平均分数 20 分的数学测验中，考了满分 100 分（偏差值 70）。

那么，你会表扬哪一个学生并给予高度的评价呢？

虽然同样都是满分，也同样都很优秀，但我相信，恐怕绝大多数的人都会给山田同学较高的评价吧！

为什么会这样呢？

因为在大家分数都很高时的 100 分，与大家分数都很低时的 100 分，价值可是完全不同的啊！

认为既然同样都是 100 分，价值自然也都相同的想法，就叫作“绝对评价”；认为在偏低的平均分数中，所获得的 100 分，价值当然比较高的评价方式，则叫作“相

对评价”。换句话说，也就是偏差值较高者，将获得较高评价。

问题

表 4-8 是依据 4 名业务人员，在 2014 年开始售卖新商品的销售业绩上的表现所制作的。

渡边知道自己两年来的业绩总额确实没能赢过木村，不过他在 2015 年创下 187 万日元的最高业绩，所以自认应该是 4 人当中最该受到表扬的。

如果你是这 4 个人的主管，会如何回应渡边呢？

表 4–8　2014—2015 年度销售人员业绩表现　　（千日元）

	2014 年	2015 年	共计
木村	1 530	1 540	3 070
山本	1 170	1 700	2 870
加藤	1 090	1 490	2 580
渡边	1 010	1 870	2 880

渡边的想法确实不无道理，但是身为数字感强的主管，自然会希望先解读数字背后的真相，并做出正确的评

价后，再给予对方答复。

首先，我们要针对所谓的评价做个明确的**定义**。

不管是一年还是两年的合计，用金额来进行绝对评价，确实是一种评价方式。

另一方面，如果从相对评价的角度来思考的话，又会怎样呢？**讲得极端一点儿**，这个评价方式就是，当大家都是 0 时的 100 万日元，跟大家都是 90 万日元时的 100 万日元，所得到的评价自然不会相同。

因此，我们可以先帮 2014 年的木村进行相对评价，再帮 2015 年的渡边进行相对评价，最后再来比较谁的偏差值更高。

后面，我将这个偏差值称为“业绩偏差值”（本人造的词）。

从现在起，我们来定义各个年度的平均值、标准偏差、相对评价值与业绩偏差值。

这里可能需要用数学来说明，但不会很难，请大家放心，继续接着看下去就好了。

- 平均值：将全部的数据都做完加总后，再除以数据的个数，所得到的统计指标。

平均值用 Excel 函数就能简单算出来。

平均值= AVERAGE（选择数据范围）

- 标准偏差：将数据偏离平均值的状况，根据某数学理论予以数值化后，所得到的统计指标。

标准偏差的数学理论，在解说上需要花点篇幅，由于本书并不是以理论解说为出发点的书，详情请参阅其他专业书。

标准偏差同样用 Excel 函数就能算出来。

标准偏差= STDEVP（选择数据范围）

- 相对评价值：以平均值为基准时，用来表示一个数据所处相对位置的数字。通过这个数字的比较，就能让原本是两个年度的数字，被拿来在同一基准上做比较。

相对评价值=（该数据 - 平均值）÷ 标准偏差

• 业绩偏差值：这跟相对评价时所用到的偏差值，几乎是完全相同的概念。

业绩偏差值＝ 50 +（相对评价值 ×10）

这么一来就准备好了。

计算这些数字（请大家务必要打开 Excel 来实际算算看），并算出每个人的业绩偏差值。得出的结果，如表 4–9 所示，2014 年的木村是 66.6，而 2015 年的渡边则是 64.8。

不用说也知道，两个人都算是非常优秀。不过相对来说，2014 年的木村在数字上更有优势，以细微的差距胜出。

表 4–9　试算出业绩偏差值

	2014 年木村的 153 万日元胜出	2015 年渡边的 187 万日元胜出
4 人的平均值	1 200	1 650
标准偏差	198.7	148.8
相对评价值	1.7	1.5
业绩偏差值	66.6	64.8

注：标准偏差、相对评价值与业绩偏差值等，皆是小数点后第二位四舍五入。

以职场的评价方式来说，所谓的“绝对评价”并非绝对。

数字感强的人深知这一点，所以多半懂得要从不同角度切入，进行相对评价，如此一来，隐藏在数字背后的真相，自然会清楚地浮现出来。

最后是结论的部分。如果我是主管，我会这样告诉渡边：“你在 2015 年创造的 187 万日元业绩确实很亮眼，不过，事实上，木村在 2014 年所创下的 153 万日元的纪录，更是无人能及。我期待你明年能够创造出更具压倒性的数字，并缔造出不管我如何评价，你永远都是第一名的佳绩。”

就这么简单！增强数字感的绝招

计算业绩偏差值，解读数字背后的含义。

课程 29

“女性交往过的异性人数平均为 4.5 人”应该如何解读?

前面出现了许多数学上的专业术语，相信大家应该有点累了吧！接着我们将转换一下心情，来讲些轻松的话题。

题目来了！

问题

某电视节目的策划，针对 100 位 20 ~ 30 岁的单身女性，做了街头采访。

“到目前为止，你跟几个男生交往过？”

统计结果显示，平均大概是 4.5 人。

如果依据这个结果，断定是 4 ~ 5 人的话，会不会有问题呢？

在这个世界上，有许多“奇奇怪怪”的调查存在，现在就让我们进入正题。

数字感强的人，绝对不会因为这个数字，就认定答案是 4 人或 5 人。为什么会这样呢？因为这个 4.5 不过是平均值，无法让人掌握里面较高或较低的数字。

比如，假设受访者当中，有很多不敢谈恋爱、没跟或只跟 1 人交往过的女生；另一方面，也有几位是交往过 10 人，甚至 15 人的女生，还是有可能会算出平均 4.5 人的结果。

不过事实上，我在这里要讲的并不是“要大家去正确解读平均值”。

关于解读数字背后含义所需的诀窍，其实还有一个重点必须要跟各位分享，但迟迟没提到。

那就是，**人是感性的动物。**

大家可能会说，这种事大家都知道，还需要特别讲吗？

话虽如此，当我们在读数字时，却往往会在不经意的情况下，忽略掉这个理所当然的事情。

假设你想解读数字，而数字又是人类创造出来的，那这些数字就极有可能潜藏着人的情感。

这到底是怎么一回事呢?

这份调查属于街头调查，女性受访者对于这种询问私人问题的调查，真的会开诚布公地告诉采访者真实的数字吗?

在我看来，这些受访者心里也许会想：居然敢问我这么没礼貌的问题，算了！随便回答一下就好！或是：说太多可能会给人留下不好的印象，还是少报一点好了。受访者中有这样想法的人应该不在少数。

换言之，依据这种调查方法所得到的结果，肯定与实际情况有偏差。

相反，如果受访者是男性，平均数反而可能会比实际交往过的人数多出很多。

因为我认为，不少男性在受访时会想：我怎么能承认自己从没交过女朋友呢?

事实上，关于这类问卷调查有这样的说法：男性回答的人数，会比实际状况高出 3 倍；而女性回答的人数，则只有实际状况的 1/3。

问题出在爱面子的男性与看重形象的女性身上。只要理解这一点，你就会明白，这个平均 4.5 的数字，极有可能只是没有任何意义的数字。

解读数字背后的含义时，需要思考一些事。

那就是，**这个数字究竟是在什么时候或什么场合下产生的，还有受访对象是什么人，以及受访当时他是怎么想的**。

我再举个例子。

比如，某公司的人事主管，做出以下的发言："公司的50名新进员工对于公司的满意度是100%。"

一般来说，所谓的员工满意度，是指从福利保障、薪资待遇、升职制度等各方面综合评估员工对一家公司的满意度有多高。

如果是我，则会比较在意这个调查是何时做的。

如果这份问卷调查是在这些员工进公司后近一年做的，这个时候他们已经在公司待了一段时间，这个满意度的数字自然会有一定的参考价值。

不过，如果这份调查是在员工刚进公司就做了的话，那我不认为受访者会有什么依据对公司做出真实评价。

因为大家一定会担心，如果回答"不满意"，可能被分配到较差的部门，那不是很倒霉吗？因此可想而知，再笨的人也会先表示肯定。

如果你在解读数字时，懂得像这样，连人的情感也一并考量进去的话，那你就是个货真价实的高手了。

解读数字背后的真相，同时也是在解读“说出这些数字的人”隐藏在心里的真相。

就这么简单！增强数字感的绝招

要连隐藏在数字背后那个人的情感也解读出来。

课程 30

每天读财经新闻 3 分钟，但不用详读里面的报道

有能力解读数字背后含义的诀窍，你已经掌握了吗？

请大家务必要将这些诀窍落实到工作和生活中！其实，还有一个重点，我希望大家从明天起就开始实践，那就是：

记得每天要看财经新闻。

不过，这样的提议好像也没什么了不起的，身为职场人士，你或许早就已经习惯阅读这类财经新闻了。

事实上，我做这个提议的用意，并非只是要大家看报纸，而是想借此告诉大家，该如何通过读新闻来让自己成为能够解读数字背后真相的职场人士。

阅读财经新闻时，别一开始就仔细看里面的报道。

为什么呢？现在就向大家说明。

我相信绝大多数的人，应该都是这样看报纸的吧！

- 看标题。
- 阅读文章内容。
- 再看曲线图或表格等补充数据。

这样的阅读方式虽然有助于理解文章内容，但对解读数字背后含义的训练，却一点帮助也没有。为什么我会这么说？因为你已经先从文章中掌握事实的真相了，自然没有必要再去思考。

因此，请大家稍微改变一下阅读方式。

- 看标题。
- 阅读曲线图或表格等补充数据。
- 稍微思考一下这些数字究竟想表达些什么。
- 然后再阅读文章的内容。

第一步，先看标题，掌握概要并了解这到底是一篇怎样的文章。之后，先看曲线图或表格等内含许多数字的数据，并试着思考写文章的人通过这些数字，究竟想表达些什么？等到自己理出了头绪后，再回过头来看文章，进行答案的比对。

就让我们来做做看吧！

问题

图 4-3 是登载于 2015 年 7 月 30 日《日本经济新闻》上的文章中所用到的曲线图。文章的标题是《打工时薪 1 000 日元的时代》。

请你参考这个标题和图思考，当今社会状况究竟如何？换句话说，就是要大家去解读 1 000 日元这个数字背后的含义。

我们从这张图中立刻就能解读出来，打工的时薪持续向上攀升，而且这不光是东京等局部地区而已，还是日本各地都普遍存在的趋势。

另外，看图比较仔细的人，则会注意到每年一到 11 月，打工的时薪就会提高许多，但过完年后又会立刻降下来。如果考虑到这段时期恰逢圣诞节与年末活动，需要较多兼职员工，应该就讲得通了。

到目前为止，我们做的都是寻找“变化”与“问题”的操作，换言之，就是最基本的事。

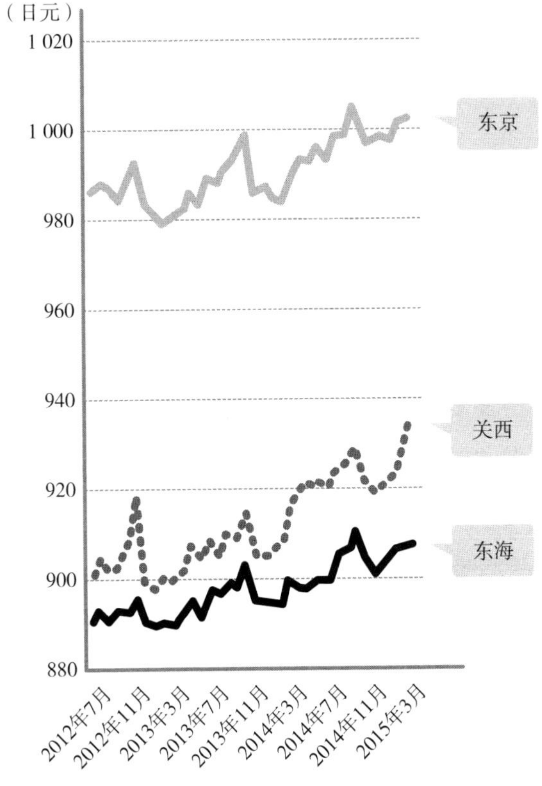

图 4–3　解读 1 000 日元这个数字背后的含义

资料来源：Recruit jobs 调查提供。

接下来，则要找出隐藏在这个数字背后的真相。我是这么想的。

答案

时薪上升的最大原因，可能跟年轻人减少有关。换言之，可以看出公司应该是在招聘方面遇到了困难。

我记得在我的学生时代，也就是二十几年前，当时兼职员工的时薪还只有800日元左右。

这么想的话，5年后市场行情变成1 100～1 200日元的可能性就很高了。

尤其到了2021年，恰逢奥运会在东京举办，届时不管是餐饮业还是服务业，一定会铆足劲儿，希望能有足够多的人手，来维持公司的营运。

回过头来看，这个时薪上升到1 000日元的新闻，并不是要让大家知道“年轻人听了会有多开心”，而是要表达“日本的将来真的没问题吗？”等隐患。

大家觉得如何呢？

我大概都会先推测到这样的程度，再去看文章的内容。从时间上来说，约是3分钟。事实上，这个7月30

日登出的报道，也是持相同的论调。

差不多是该做结论的时候了。

请大家也务必这样做，先看完曲线图或表格，再读财经新闻里的文章。

然而如果只做一天，一点意义也没有；有心想让自己在解读数字背后含义的能力上更突飞猛进的话，记得一定要养成习惯才行。

如果没有养成习惯就没有意义，所以阅读财经新闻时，并不需要从头看到尾（这一点连我自己都做不到）。只要找个自己感兴趣的主题，或决定好某个范围，用游戏的心态来解读就好了。

一开始，就算新闻的报道跟自己推测出来的结果不一致，也不需要气馁，因为这并不是在考试，没有人在为你的表现打分。

就算解读不出来也没关系，维持现状就好了。这样反而更好，等到你能做出跟新闻报道类似的推断时，相信那份喜悦一定会更大。

人想要克服自己不擅长的事情，无论如何，都得花点时间或用点技巧。

明天早上，要不要就先从挑战单手拿咖啡做起呢？

你会发现，真的如同佐藤传先生讲的，**习惯改变一个人，进而改变他的人生。**

就这么简单！增强数字感的绝招

别一开始就看财经新闻的报道内容，而要先从图表开始看起。

后记

有句话我一直没有忘记。

在某企业的员工培训课堂上，当我问一位 30 岁左右的职场人士，“你为什么会想要加强自己的数字感？”的时候，他做出了以下的回答：

“因为这样很帅啊！”

听完后我忍不住笑了出来。不过，他的这份感性，我非常欣赏。想要让自己的数字感越来越强的原因并不重要，要用什么方法让自己变得更强也没关系。

所谓的目标，充其量不过是希望自己能成为一个跟数字和平共处的人而已。如果因此能在职场上耍帅的话，对当事人来说，又何尝不是件开心的事呢？

终于到了该说再见的时候了。

你需要的，不是回过头照着教科书去重新学习数学或计算，而是跟电子计算器好好相处，多花点时间去思考数字，并养成对充斥在街头的各种数字的敏感度，与解读这些数字“背后含义”的习惯。

希望大家能够相信本书介绍的内容，但也不需要着急，只要多提醒自己，逐步增加与数字接触的时间就够了。

最后，还有一点忘了说明。那就是：封面上那个“99%”的数字。我在前面也提到过，看到“%”这个符号，要记得确认它的分母。

事实上，在我见过的 5 000 多名职场人士中，100 人当中只有 1 人具备本书介绍的全部技巧。（当然没有经过精确的统计）

100 人中只有 1 人知道，反过来说，就是 99% 的人都不知道，这便是封面上 99% 这个数字的由来。

如果你因为本书的关系，对数字的意识或看法发生改变，或有一天成为那 1% 的职场人士中的一员，那我会倍感欣慰。

永远都要跟数字好好相处。

深泽真太郎的“商务数学”，永远都是你最佳的伙伴。